Salem Kirban: DIE GEPLANTE VERWIRRUNG

12,80

HSW

SALEM KIRBAN

Die geplante Verwirrung

VERLAG HERMANN SCHULTE WETZLAR

Dieses Buch erschien in englischer Sprache
unter dem Titel „Guide to Survival"

Aus dem Amerikanischen von Martin Schneider

ISBN 3-87739-241-5
1. Auflage März 1972
2. Auflage Mai 1972
3. Auflage Oktober 1972
Graphik: Hartwig Benner
Satz: graphoprint KG, Wetzlar
Druck: Druckhaus Benatzky, Hannover
Gebunden bei der Buchbinderei W. Heese, Hannover
Printed in Germany

INHALT

Vorwort 11

Kapitel 1

Die Welt liegt im Schlaf 15

Prophetie aktuell 16
Leben im Überfluß 18
Staatsmänner benötigen Schutz wie nie zuvor 20
Selbstmordmittel Alkohol 20
Steigende Kriminalität 22
Schockierende Filme 24
Zivilisierte Bürger hören unzivilisierte Musik 25
Streiks werden häufiger 26
Sex und Atheismus 28
Die Einheitskirche und ihre Ziele 29
Allgemeine Kirchenmitgliedschaft gefordert 32
Die protestantische Meinung ändert sich 34
Ein ökumenischer Durchbruch 34
Eine Superkirche entsteht 35
Am Rand einer nuklearen Katastrophe 35
Die sterile Kirche bietet der Welt falsche Hoffnung an 36
Wie du überleben kannst 39

Kapitel 2

Ist der Tod unser Schicksal? 41

Die Verschmutzung der Luft 42
Das Klima auf der Erde wird kälter 44
Die Auswirkungen der Luftverseuchung 45
Die Katastrophe greift um sich 46
Es gibt eine Grenze 48
Wachsende Müllhalden 49
Hauptursache vieler Erkrankungen 52
Die Bevölkerungsexplosion und unser Wettlauf ins Verderben 53

Nahrungsmittelüberschuß - eine Legende 53
Erschreckende Zahlen 54
Der Tag X 56
Wasser, Wasser! 57

Kapitel 3
Die Grausamkeit in unserer Zivilisation 60

Der Hunger 60
Um sich greifende Krankheiten 62
Mauern 64
Vernichtungswaffen 64
Napalm 68
Das Wettrüsten 70
Das Arsenal an Atomwaffen 72
In den kommenden Jahren 73
Bedrohung durch Waffen in Privathand 74
Zerrüttete Familien 75

Kapitel 4
Zerstörende Macht 77

Wachsende Macht des Staatsoberhaupts 79
Das Wettrüsten und die Macht 80
Die schleichende Inflation 81
Das Ansteigen der Steuern und Ausgaben 83
Die Regierung als größter Arbeitgeber 86
Die Macht des Polizeistaates 88
Zeitalter der Gesetzlosigkeit 96
Kritische Entscheidungen 98

Kapitel 5
Millionen Menschen verschwinden 102

Wie in den Tagen Noahs 106
Wachsender Materialismus 109

Das zweite Kommen Christi, die Hoffnung der Seinen 110
Falsche Christusse 111
Kriege, Erdbeben, Hungersnöte 114
Wie wird sich das zweite Kommen Christi vollziehen? 119
Die sieben Tage und das Ende der Welt 122

Kapitel 6
Der Antichrist 126

Die Kennzeichen des Antichristen 129
Die Herrschaft des Antichristen 132
Der Ablauf der Ereignisse 133
Wer wird der Antichrist sein? 134

Kapitel 7
Der falsche Prophet als Wundertäter und Henker 138

Das religiöse System der Endzeit 140
Ein Nachahmer Elias 141
Herr über Leben und Tod 143
Der Gerichtstag kommt 144

Kapitel 8
Falsche Sicherheit 146

Das Recht zur Lüge 146
Weltregierung in Sicht 148
Eine geschickte Nachahmung 148
Die erste Hälfte der 7jährigen Trübsalszeit 149
Die geheimnisvolle Zahl 666 150
Die ersten dreieinhalb Jahre 151
Das erste Siegel: Friede 154
Das zweite Siegel: Krieg 155
Das dritte Siegel: Hungersnot 159
Das vierte Siegel: Tod 160
Das fünfte Siegel: Verfolgung 160

Das sechste Siegel: Schreckliche Katastrophen 161
Das siebte Siegel: Schweigen 163

Kapitel 9
Furcht und Schrecken 164

Die Rolle Satans in der Trübsalszeit 167
Der Wiederaufbau Jerusalems 169
Die wahren Ziele des Antichristen 170
Die Rolle der endzeitlichen Weltkirche 172
Das Zeichen des Tieres 174
Das Kennzeichen des Tieres 176
Die erste Posaune: Hagel, Feuer, Blut 177
Die zweite Posaune: Ein Meteor stürzt auf die Erde 177
Die dritte Posaune: Ein Stern stürzt auf die Erde 177
Die vierte Posaune: Sonne, Mond und Sterne 178
Die fünfte Posaune: Heuschrecken 179
Die sechste Posaune: Das Heer Satans 181
Die beiden Zeugen 184
Die siebte Posaune: Erdbeben 186
Die erste Schale: Beulen 188
Die zweite Schale: Das Meer wird zu Blut 188
Die dritte Schale: Flüsse und Quellen wandeln sich in Blut 188
Die vierte Schale: Die Sonne versengt die Menschen 189
Die fünfte Schale: Die Erde wird verfinstert 189
Die sechste Schale: Austrocknung des Euphrat 190
Die siebte Schale: Hagel 191
Vier Gründe für die Trübsalszeit 191

Kapitel 10
Der Untergang Rußlands 194

Der russische Wunsch, die Welt zu retten 194
Der zunehmende Einfluß Rußlands 197
Das Wachsen des russischen Weltreichs 197

Die Religion 199
Die Kampfkraft Rußlands 199
Warum wird Rußland in Israel einfallen? 200
Rußland in der Bibel 202
Der Angriffsplan 205
Der Einmarsch 205
Ein Wunder geschieht 207

Kapitel 11
Der große Krieg 211

Das kirchliche Babylon 212
Die Stadt Babylon 215
Entlarvung der falschen endzeitlichen Kirche 218
Eifersucht des Antichristen 220
Zerstörung der Siebenhügelstadt 221
Harmagedon 225

Kapitel 12
Die Biblische Prophetie und ihre Echtheit 234

Gottes Verheißung an Abraham 235
Erfüllte Prophetie über Jesus von Nazareth 236
Erfüllte prophetische Worte Jesu 238

Kapitel 13
Der Weg in die Freiheit 239

Tatsachen, die es festzuhalten gilt 243
Christus, Herrscher der Welt 244
Ihre wichtigste Lebensentscheidung 246
Meine persönliche Entscheidung für Jesus Christus 248

VORWORT

Eine große Wochenzeitung schrieb kürzlich: „Der moderne Mensch ist nicht nur zerstreut, sondern auch verwirrt. In steigendem Maße werden heute neue Entdeckungen, Erfindungen und ‚Errungenschaften' angezeigt, serviert und eingetrichtert. Eindrücke und ‚Kurznachrichten' stürmen auf ihn ein. Er kann die Unmasse von aufregenden, erschreckenden, belehrenden und unzusammenhängenden Informationen innerlich nicht verarbeiten . . ."

Es ist heute eine Tatsache, daß der Mensch mit sich selbst und mit der „Welt", die er sich geschaffen hat, nicht mehr zurecht kommt. Wo die Wissenschaft zum Beispiel *ein* Problem löst, treten sofort *mehrere neue* Probleme auf.

Der Mensch ist bisher außerstande gewesen, das Problem des Krieges zu lösen. Die Folge: Mehrere Milliarden D-Mark müssen täglich für Rüstungs- und Kriegszwecke ausgegeben werden.

Die Menschheit war bisher auch nicht in der Lage, das Problem des Hungers zu lösen. Die traurige Folge: Täglich verhungern in den Ländern der „Dritten Welt" über 50 000 Menschen.

Die Staaten fanden bisher auch kein Mittel, um dem international immer mehr um sich greifenden Verbrecherunwesen wirksam zu begegnen. Diebstahl ist zum „Volkssport" geworden, sagt der Präsident des Bundeskriminalamtes in Wiesbaden.

Der Mensch war bisher auch nicht imstande, das Problem der Süchte zu lösen. Die Zahl der Alkoholiker hat beispielsweise in den letzten 15 Jahren prozentual um das Fünffache zugenommen. Noch erschreckender ist die Zahl der Zunahme an Rauschgiftsüchtigen.

Tod durch Umweltschäden! Eine Million Menschen starben in den letzten Jahren nicht an Herzversagen, wie es offiziell in den Totenscheinen steht, sondern an Umweltschäden. Dies erklärte der Bundesbeauftragte für Naturschutz, Prof. Dr. Bernhard Grzimek.

So könnte man fortfahren. Die große Zahl der ungelösten Probleme der Menschheit macht es nicht möglich, sich auch nur einem Problem einmal gründlich zu widmen. Das Verhängnis nimmt seinen Lauf.

Kaum jemand wagt es noch, sich dem ganzen Umfang der Tatsachen zu stellen. Kirban tut es, weil er „Boden unter den Füßen" hat und *den* rettenden Ausweg weiß. Allerdings ist dieser Weg nur für den einzelnen begehbar. Eine politische Lösung all dieser Probleme gibt es nicht!

Wie kommt es nun, daß der Mensch von heute so verwirrt ist?

Die Bibel gibt eine klare, unmißverständliche Erklärung. Sie spricht auch eindrücklich von einer Person, der Gott Raum gibt, um die Menschen schon hier auf dieser Welt zu bestrafen: Es ist der „Verderber", der „Durcheinanderwerfer", der „Mörder von Anfang", der Teufel oder Satanas. Gott läßt es zu, daß er die Menschen verwirrt und verführt. Aber diese Verwirrung des Versuchers und Verneblers ist nicht grenzenlos. Sie ist in den großen Plan Gottes eingefügt und dient dem einen Zweck, Gottes Ehre zu wahren und wiederherzustellen.

Dieses Buch besteht eigentlich aus zwei Teilen. Im ersten Teil werden die Zeichen der Zeit aufgeführt, die zugleich Kennzeichen des Gerichts und des Zornes Gottes über eine Menschheit sind, die von Jesus Christus nichts wissen will. Im zweiten Teil wird dem Leser ein Weg gezeigt, wie er gerettet werden kann. Ihm wird ein Fahrplan in die Hand gegeben, mit dessen Hilfe er feststellen kann, was noch alles geschehen wird. Verfasser und Herausgeber dieses Buches haben die Hoffnung, daß dieses Informationsbuch ein Wegweiser für viele aus dem Chaos werden möge.

1

DIE WELT LIEGT IM SCHLAF

Von einem kleinen Mädchen wird folgendes Erlebnis berichtet: Der tägliche Schulweg führte das Kind an einer Kirche vorbei. Als es eines Tages auf dem Nachhauseweg wieder dort vorbeikam, begann gerade die Turmuhr zu schlagen. Nach dem zwölften Glockenschlag stellte sich das Schlagwerk jedoch nicht ab, sondern die Uhr schlug weiter: 13, 14, 15, 16 . . . Ganz entsetzt lief das Mädchen nach Hause und rief seiner Mutter zu: „So spät wie heute war es aber noch nie!"

Dieses Buch möchte seinen Lesern eines ganz deutlich machen: So spät wie heute war es noch nie! In der Sprache der Erwachsenen ausgedrückt, heißt das: „Es ist später, als viele denken!"

Die Welt eilt unaufhaltsam ihrem Ende entgegen. Ein Zurück ist unmöglich. Wann das Ende kommen wird, kann niemand genau vorhersagen. Wir können aber an Hand der uns in der Bibel gegebenen Hinweise und Zeichen das Geschehen von heute richtig einordnen.

„Wachet, denn ihr wisset weder Tag noch Stunde, in welcher der Menschensohn kommen wird" (Matth. 25,13).

Aus den Zeichen, die uns in der Heiligen Schrift angekündigt sind, läßt sich mit Sicherheit schließen, daß wir in den letzten Tagen leben.

Es ist eine traurige Tatsache, daß die Völker der Welt von ihren leitenden Männern, die alles auf den Fortschritt setzen, in Illusionen gewiegt und eingelullt werden; um so trauriger wird das Erwachen sein.

Noch niemals zuvor haben sich die Ereignisse, die auf die letzten Tage hindeuten, so sehr überstürzt. Das Erstaunliche dabei ist nur, daß die meisten Menschen durch diese Geschehnisse gar nicht besonders beeindruckt zu sein scheinen. Im Gegenteil, man geht schnell wieder zur Tagesordnung über und übersieht, wie aktuell heute die Bibel ist.

Prophetie aktuell

Wenn man sich einmal die Zeit nähme, Zeitungen und Zeitschriften regelmäßig daraufhin zu überprüfen, welche Ereignisse sich mit prophetischen Stellen der Bibel in Verbindung bringen ließen, so stieße man auf eine ganze Reihe von Tatsachen, die sich genau in das Bild einfügen, das die Propheten des Alten Testaments von der heutigen Welt gezeichnet haben.

Den Verfechtern der „Gott-ist-tot"-Theorie und allen, die eine Entrückung der glaubenden Gemeinde von dieser Erde für unrealistisch halten, werden diese Ausführungen utopisch erscheinen. Solche Leute möchte ich jedoch bitten, dieses Buch nicht zur Seite zu legen. Im Gegenteil! Ich möchte Ihnen raten, das Buch an einen bevorzugten Platz in Ihrem Bücherregal zu stellen. Denn eines Tages – falls Sie dann noch unter den Lebenden weilen sollten – wird es Gold wert sein. Jede Seite wird Wirklichkeit werden und Ihnen klar zeigen, was noch auf Sie zukommen wird.

In Matthäus 24, Verse 3-14 lesen wir, was Jesus in seiner Ölbergrede über die Vorzeichen des Endes sagt:

„Als er dann auf dem Ölberg Platz genommen hatte, traten seine Jünger wieder zu ihm hin und fragten: ‚Wann wird das alles geschehen? Was wird das Zeichen deiner Wiederkunft und der Vollendung der Weltzeit sein?' Jesus antwortete und sprach zu ihnen: ‚Gebt nur acht, daß euch niemand verführt! Denn es werden viele in meinem Namen kommen und sagen: Ich bin der Messias, und werden viele irreführen. Ihr werdet von Kriegen und Kriegslärm hören. Paßt auf, aber habt keine Angst! Denn das muß so geschehen. Aber es ist noch nicht das Ende. Denn es wird sich ein Volk gegen das andere empören, und ein Königreich gegen das andere. Es werden erst Hungersnöte und Erdbeben hin und her kommen. Das alles aber ist erst ein *Anfang* der Wehen. Dann werden die Menschen schwere Leiden und Verfolgungen über euch bringen und werden euch töten; ja, ihr werdet um meines Namens willen von allen Völkern gehaßt werden. Viele werden irre werden und sich gegenseitig verraten, ja einander hassen. Es werden viele falsche Propheten auftreten und werden viele verführen. Weil die Ordnungslosigkeit überhandnehmen wird, wird auch die Liebe bei vielen erkalten. Wer aber dann bis ans Ende ausharrt, wird gerettet werden. Es wird die Frohe Botschaft der Königsherrschaft Gottes in der ganzen Welt verkündet werden, damit alle Völker ein klares Zeugnis bekommen. Dann erst wird das Ziel Gottes erreicht sein.'"

Vieles, von dem hier die Rede ist, geschieht bereits in unseren Tagen überall in der Welt in nie gekanntem Ausmaß. Heute führt man in einer Weise Krieg, die sich grundsätzlich von der Kriegführung früherer Zeiten unterscheidet. Ganze Völker werden von innen und außen durch Kriege zerrissen. Vielerorts hört man von Hungersnöten. Wir Bürger eines Wohlstandslandes erfassen nur selten den Ernst der Lage. Aber auch uns ist noch die große Hungersnot von Biafra in lebendiger Erinnerung. Auch weiß jeder um die ständige Nahrungsmittelknappheit in Indien, die durch den neuen Krieg zwischen Indien und Pakistan nur noch verschärft wurde. Die Beispiele ließen sich leicht vermehren, denn fast täglich unterrichten uns

Zeitungen, Funk und Fernsehen über Katastrophen.

Auch die Erdbebenhäufigkeit scheint in den letzten Jahrzehnten rasch zuzunehmen. So erschreckend das alles sein mag, in der Bibel steht, daß dies erst *der Anfang der Bedrängnisse* ist, die noch kommen sollen.

Im folgenden wollen wir einmal unsere Zeit etwas näher unter die Lupe nehmen. Wir werden dabei zu der Erkenntnis gelangen, daß die Welt unwiderruflich der Selbstzerstörung zueilt und die letzten Tage immer näher heranrücken.

Leben im Überfluß

Vor jeder Parlamentswahl wird eine Menge gescheiter Reden gehalten. Viele Kandidaten versprechen ihren Wählern das „Blaue vom Himmel" herunter. Sie versprechen herrliche Zeiten und wollen glauben machen, es sei dem Volk noch nie so gut gegangen wie gerade heute. Zur Untermauerung der vorgebrachten Thesen benutzen sie viel statistisches Material. Daraus geht in der Tat hervor, daß viel erreicht worden ist. Betrachten wir beispielsweise die USA.

In den vergangenen sieben Jahren haben etwa 14 Millionen Amerikaner die Armut überwinden können. Die Zahl der Familien, die jährlich umgerechnet mehr als 28 000 DM verdienen, stieg von 22 Prozent im Jahre 1950 auf 55 Prozent im Jahre 1969. Nun lag das Durchschnittseinkommen einer Familie erstmals bei 29 000 DM pro Jahr.

Die Zahl der Aktienbesitzer stieg in vier Jahren um 5 Millionen, die Zahl der Sparkonteninhaber um 23 Millionen.

Die Zahl der Hauseigentümer stieg in sieben Jahren von 33 Millionen auf 37 Millionen, die Zahl der Eigentümer von Zweit- bzw. Drittwagen von 9,5 auf 14,7 Millionen im gleichen Zeitraum.

94 Prozent aller amerikanischen Haushalte verfügen über mindestens ein Fernsehgerät.

Volkswirtschaftlich gesehen bietet sich folgendes Bild: Die Vereinigten Staaten mit 7 Prozent der Erdoberfläche und 10 Prozent der Weltbevölkerung liefern ein Drittel der Weltproduktion an Gütern und Dienstleistungen.

Aus den USA stammen 13 Prozent der Weltproduktion an Weizen, 46 Prozent des übrigen Getreides und 21 Prozent der Weltproduktion an Fleisch, genug, um die ganzen Vereinigten Staaten sowie weite Teile der übrigen Welt zu versorgen.

Die Industrie stellt eine Flut von Gütern her, fast soviel wie die Sowjetunion und Westeuropa zusammen.

Die Automobilwerke stellten im vergangenen Jahr mehr als 12 Millionen Personenwagen her. Das entspricht 41 Prozent der Weltproduktion. In den USA laufen mehr als die Hälfte aller Autos der Welt. Allein im Bundesstaat Kalifornien sind 10 Millionen Wagen amtlich erfaßt, das heißt, allein in diesem Bundesstaat gibt es mehr Autos als in jedem Land der Welt, außer der Bundesrepublik, Frankreich und Großbritannien! Zur Zeit gibt es in den USA mehr als 105 Millionen Personenwagen, Lastwagen und Busse.

Die Amerikaner sind die bestausgebildeten Leute, die es je gab. 50 Prozent besitzen eine Mittelschulbildung; das gab es bisher in keinem anderen Land.

Eine Umfrage des Gallup-Instituts für Meinungsforschung ergab, daß 45 Prozent aller Amerikaner einmal in der Woche zur Kirche gehen, außerdem halten 70 Prozent „Religion" für sehr wichtig.

Aus all dem geht hervor, daß es den Amerikanern noch nie so gut ging wie heute. Dennoch kann man auf der anderen Seite sagen, daß nie so viel im argen lag, was übrigens für alle Wohlstandsländer zutrifft. Gott wägt eben mit anderen Gewichten als der, ach, so fortschrittsgläubige Mensch.

Staatsmänner benötigen Schutz wie nie zuvor

Es zeigt sich immer wieder, daß Wohlstand, Bildung und wirtschaftlicher Fortschritt allein noch lange nicht alle Probleme des Zusammenlebens zu lösen vermögen, denn was soll man wohl davon halten, daß leitende Staatsmänner nur in schwer gepanzerten Wagen reisen können. Der Dienstwagen des US-Präsidenten beispielsweise kostete rund 1,8 Millionen DM. Er ist so gebaut, daß er selbst schweren bewaffneten Überfällen standhält.

Die neue Lincolnlimousine, die für Präsident Johnson und seine Nachfolger konstruiert wurde, ist einzigartig in ihrer Bauweise. Sie hat das Verdeck eines Kampfflugzeugs und ist mit 2 Tonnen schweren Stahlplatten gepanzert. Diesem Schutzschild kann weder ein Geschoß aus einem 30-Kaliber-Gewehr etwas anhaben, noch ein Sperrfeuer von Molotow-Cocktails. Die Fenster sind aus kugelsicherem Glas und stärker als das bei Kampfflugzeugen übliche Material. Die Limousine fährt auf 4 Spezialreifen; jeder Reifen enthält eine Scheibe aus Hartstahl, die von einem Hartgummiprofil umgeben ist; dadurch kann der Wagen selbst bei vier platten Reifen noch auf 80 Stundenkilometer beschleunigt werden.

Warum solche teuren Schutzmaßnahmen? Weil wir in einer Zeit der Gesetzlosigkeit leben.

Selbstmordmittel Alkohol

Die Profitsucht ist heutzutage überall so weit verbreitet, daß skrupellose Händler vor nichts zurückschrecken, um

11 Tote forderte der frontale Zusammenstoß eines Transporters mit einem Kombiwagen. Es gab keine Überlebenden. Vier der Opfer waren Kinder. Trunkenheit am Steuer fordert jährlich in der Bundesrepublik über 9 000 Todesopfer.

Der amerikanische Präsident besucht eine Stadt. Der Wagen ist umgeben von Sicherheitsbeamten des Geheimdienstes und wird von einer Polizeistaffel geleitet. Die neue Präsidentenlimousine hat einen Wert von umgerechnet 1.800.000 DM und ist eine rollende Festung.

ihre unheilvollen Erzeugnisse an den Mann zu bringen.

Süchte werden zu einer immer größeren Bedrohung für die Menschheit. Besonders der Alkohol findet jährlich Tausende von Opfern.

Erst kürzlich teilte die Weltgesundheitsbehörde mit, daß die USA mittlerweile den traurigen Ruhm für sich verbuchen können, Frankreich im Alkoholkonsum überrundet zu haben.

Schätzungsweise gibt es in den USA mehr als 5 Millionen Alkoholiker. Was das den Staat und somit die Allgemeinheit kostet, ist nur schwer zu sagen, ganz zu schweigen von den Gesundheitsschäden der Betroffenen. Man rechnet damit, daß allein der Industrie jährlich ein Schaden von 8 Milliarden DM durch Arbeitsausfälle entsteht, die auf Alkoholgenuß zurückzuführen sind.

Kürzlich durchgeführte Untersuchungen zeigen, daß sich die meisten tödlichen Verkehrsunfälle wegen Trunkenheit am Steuer ereignen.

Der Alkohol ist ein heimtückischer Feind. Er ruiniert die ihm Verfallenen körperlich und geistig, zieht die Familienangehörigen in Mitleidenschaft und untergräbt die Moral eines Volkes.

Steigende Kriminalität

Kürzlich gab das US-Bundeskriminalamt bekannt, daß im Jahre 1969 die Kriminalität um mehr als 11 Prozent gegenüber dem gleichen Zeitraum des Vorjahres zugenommen hat. Weit an der Spitze liegen die Schwerverbrechen: die Raubüberfälle nahmen um 13%, Morde um 20% und die Diebstahlsdelikte um 30 Prozent zu. Im Jahre 1959 gab es in den USA 1.592.189 kriminelle Delikte, 1969 waren es bereits 4.989.300. Das bedeutet eine Zunahme um 211 Prozent innerhalb von 10 Jahren. Im gleichen Zeitraum stieg die Mordziffer um 66 Prozent und die Zahl der Notzuchtdelikte um 115 Prozent.

Allenthalben wird in den Parlamenten darüber gestritten, wie der Staat der steigenden Kriminalität begegnen soll. Meist ist man sich jedoch nur in dem Punkt einig, daß die Mißachtung des Gesetzes heute zu einem schweren Problem geworden ist und daß etwas geschehen muß.

Zusammengefaßt läßt sich feststellen, daß in den USA seit 1960 das Verbrechen um 148 Prozent zugenommen hat - und das bei einer Bevölkerungszunahme von nur 13 Prozent!

Es ist leider auch wahr, daß 20 Millionen Amerikaner mehr als 100 Millionen Feuerwaffen besitzen. Jedes Jahr sterben 17 000 Menschen an Schußverletzungen. Alle zwei Stunden wird also einer das Opfer eines bewaffneten Anschlags.

Senator John L. McClellan sagte vor einiger Zeit in einer Rede vor dem Senat: „Das Verbrechen und die Furcht, Opfer eines Verbrechens zu werden, lähmen das ganze Land. Unsere Straßen sind unsicher geworden, unsere Bürger sind verängstigt. Sie werden terrorisiert und ihr Recht mit Füßen getreten. Sie fordern, von der Geißel der Gesetzlosigkeit befreit zu werden, die heute die innere Sicherheit unseres Volkes gefährdet."

Von der Kurzsichtigkeit mancher Leute zeugt eine Anzeige, die kürzlich in einer großen Zeitung erschien, und für die der Einzelhandelsverband der Wein- und Spirituosenhändler verantwortlich zeichnete. Sie stand unter der Überschrift: „Warum wird das Gesetz nicht mehr durchgesetzt?"

In der Anzeige wird der Tod eines Spirituosenhändlers beklagt, der ermordet wurde, als er seinen Laden gegen einen Überfall verteidigte. Anscheinend kam niemand der Gedanke, daß der Alkohol viel Schuld an der Zunahme der Verbrechen trägt.

Schockierende Filme

Im „Wall Street Journal" konnte man kürzlich folgende Überschrift lesen: Sexfilmproduzent schockiert große Studios. Das Publikum lechzt nach immer mehr Sex und Gewalttätigkeit.

Der oben erwähnte Produzent äußerte sich vor kurzem in einem Interview wie folgt: „Mein neuester Film wird dem Publikum die Sprache verschlagen; Nacktheit allein zieht schon lange nicht mehr, die Leute wollen mehr sehen."

Viele Filmproduzenten schlagen immer mehr Kapital aus Sex und Gewalttätigkeit. Dieser Trend zeigt deutlich den Wandel der althergebrachten Sitten. Die heutige Gesellschaft möchte aus allem Überkommenen ausbrechen und sich aller Einschränkungen und Vorschriften entledigen. Die Nachfrage nach Sexfilmen ist ein Symptom für dieses Bestreben.

Der Filmproduzent führte weiter aus, daß jeder der 20 Filme, die er in den letzten neun Jahren gedreht hatte, ungefähr das Vierfache der Kosten wieder eingespielt habe. Sein erster Film sei in 4 Tagen entstanden und habe nur 100.000 DM gekostet. Bisher brachte er einen Gewinn von 4 Millionen DM. Er brachte also das 40fache der aufgewandten Produktionskosten ein. Einen solchen finanziellen Erfolg hatte bis dahin nur der Film „Vom Winde verweht" zu verzeichnen gehabt.

Earl Wilson schrieb in einem seiner Artikel, die in vielen Zeitungen der USA veröffentlicht werden, folgendes: „NEW YORK – Der Schauspieler Buddy Hackett bediente sich bei seinem Auftritt in der Lincoln Center

Philharmonic Hall einer wirklich schockierenden Sprache und erntete tosenden Beifall. Das gutgekleidete und an vieles gewöhnte Publikum freute sich ganz offensichtlich daran, wie der wohlbeleibte Buddy sich mit dem „Leben" auseinanderzusetzen suchte. Dabei gebrauchte er einen Wortschatz, wie man ihn nicht alle Tage in der Zeitung zu lesen bekommt. Er riß einen unflätigen Witz nach dem anderen. Man muß sich wirklich fragen, ob diese Art der Unterhaltung Schule machen wird und ob die Unterhalter wirklich nur noch auf diese primitive Art ihr Publikum zu halten vermögen."

Wenn man sich an solch primitiver Unterhaltung ergötzen kann und anschließend nach Hause geht, um bei einem Cocktail pornographische Bücher zu lesen, dann ist es kein Wunder, daß aus einer solchen Saat Bosheit und Gesetzlosigkeit entstehen.

Im Sog des allgemeinen Verfalls steht auch immer mehr die Familie. Das zeigt sich an den zunehmenden Scheidungsziffern. 1969 betrug die Zahl der geschiedenen oder für nichtig erklärten Ehen bereits 680 000. Die Vergleichszahl von 1966 lag noch bei 490 000. Eine von Regierungsstellen durchgeführte Schätzung ergab, daß in den USA mehr als ein Drittel aller erstgeborenen Kinder unehelich empfangen werden.

Zivilisierte Bürger hören unzivilisierte Musik

Die Musik wird zunehmend wilder und vor allem lauter. Kürzlich führte eine Universität des US-Staates Tennessee Versuche auf diesem Gebiet durch.

Als Versuchstiere benutzte man Meerschweinchen, die man an verschiedenen Tagen 4 Stunden lang Popmusik aussetzte; an anderen Tagen wiederum ließ man sie in Ruhe.

Während der ersten 45 Stunden der Versuchsreihe waren beide Ohren der Versuchstiere dem Geräusch ausgesetzt, anschließend wurde das linke Ohr der Meerschweinchen verstopft. Nach 88 Stunden und 30 Minuten photographierte man die Cochlearzellen. Die Zellen des linken Ohres waren normal, aber viele Zellen des rechten ungeschützten Ohres waren in Mitleidenschaft gezogen worden und „wie Erbsen zusammengeschrumpft".

Der Versuch war durchgeführt worden, nachdem bei der ärztlichen Untersuchung neuimmatrikulierter Studenten bei einer großen Anzahl der jungen Leute Gehörschäden festgestellt worden waren. Bei vielen war die Hörfähigkeit auf die eines 65jährigen zurückgegangen.

Streiks werden häufiger

Der arbeitende Mensch von heute scheint sich daran zu gewöhnen, daß Streik etwas Selbstverständliches ist. In den letzten Jahren hört man auch immer mehr von Streiks bei Lehrern und Schülern. In den USA zum Beispiel gibt es jedes Jahr zu Beginn des neuen Schuljahres Lehrerausstände. Es ist auch nicht mehr ungewöhnlich, wenn Tausende von Schülern monatelang, ja ein ganzes Semester, dem Unterricht fernbleiben, weil sie über irgend etwas unzufrieden sind. Mehr als die Hälfte der 1,8 Millionen Lehrpersonen an Grund-, Haupt- und weiterführenden Schulen haben sich in Organisationen zusammengeschlossen. Die meisten Lehrerstreiks sind illegal, denn Beamte und Lehrer dürfen laut Gesetz in den meisten Ländern nicht streiken.

1960 gab es nur 3 Streiks; 1961 sogar nur einen, 1965 waren es bereits sieben, 1966 33 Streiks, 1967 wurde 81mal gestreikt und 1969 gab es mehr als 100 Ausstände von Lehrern. Gründe gibt es viele, zum Beispiel die schlechte Bezahlung, unzulängliche Arbeitsbedingungen usw. In

Im Rückspiegel des Polizeikrads sieht man 2 Polizisten als Wachen vor einer öffentlichen Schule in New York. Der Anlaß ist ein Schulstreik in New York.

New York zum Beispiel werden die Arbeiter der Müllabfuhr besser bezahlt als Lehrkräfte.

Es ist nun nicht Sinn dieser Ausführungen, die Mängel in der Lehrerbesoldung aufzudecken oder gar Wege zur Lösung des Problems aufzuzeigen, sondern es geht darum, zu veranschaulichen, daß die Menschen eine tiefgreifende Unruhe erfaßt hat. Sie grassiert nicht nur in den Gettos oder unter den Arbeitern, sondern hat auch die gebildeten Berufsschichten erfaßt. Die damit zusammenhängenden Probleme werden sich wohl kaum lösen lassen, was immer die Politiker auch versprechen mögen. Im Gegenteil, sie werden noch zunehmen. Besonders die Elendsviertel der großen Städte sind beständige Unruheherde. Man hatte geplant, die Slums ganz verschwinden zu lassen und neue bessere Wohnmöglichkeiten zu schaffen. Aber statt zurückzuweichen, breiten sich die Gebiete des Elends immer weiter aus und entwickeln sich zu Brutstätten des Verbrechens und der Gewalttat.

Der „Krieg gegen die Armut" sollte das Elend ausmerzen. Trotzdem steigen die Sozialausgaben ständig an. Weder die USA noch die übrige Welt sind diesen Problemen gewachsen.

Sex und Atheismus

Während die Unruhe wächst, sind die Menschen lesehungrig wie nie zuvor. Es ist interessant, daß sich der Bücherumsatz in den letzten Jahren fast verdoppelt hat. Billige Paperbackausgaben haben in der ganzen Welt vor allem die Autoren bekanntgemacht, die über Sex schreiben.

Ein bekannter Buchverleger, der fast ausschließlich Sexbücher verkauft und dessen Verkaufsziffern sprunghaft angestiegen sind, schrieb mir kürzlich einen Brief, in dem er u.a. sagte: „Ich bin Atheist bis ins Mark. Mir persönlich können die Leute nur leid tun, die abergläubisch, fanatisch und ängstlich sind, die unter Zwangsvorstellungen leiden oder aus anderen Gründen an einen persönlichen Gott oder an Götter glauben. Solange sie ihren Unsinn nicht aufzwingen, habe ich nichts dagegen einzuwenden ... Unter meinen Hunderten von Freunden kenne ich keinen einzigen intelligenten Menschen, der sich für irgendeine Form religiösen Brauchtums begeistern könnte."

Ich schickte ihm daraufhin ein Neues Testament mit der Bitte, es doch einmal zu lesen, ehe er sich weiterhin zum Atheismus bekenne. Prompt schrieb er mir zurück, er habe das Buch sofort nach Erhalt in den Papierkorb geworfen.

Die Einheitskirche und ihre Ziele

Sollte in der Verwirrung unserer Zeit nicht die Kirche Antwort auf die Probleme geben können? Leider ist es aber so, daß aus dieser Richtung selten eine klare Stellungnahme zu erhalten ist.

In der Bibel ist davon die Rede, daß sich große Teile der Kirche in der Endzeit vom wahren Glauben abwenden werden. Man wird versuchen, geistliche Probleme durch soziale Maßnahmen zu lösen. Immer häufiger kommt es vor, daß sich kirchliche Gemeinschaften auflösen. Auf der anderen Seite sehen wir die Bemühungen vieler Konfessionen, sich enger zusammenzuschließen mit dem Fernziel, möglicherweise einmal eine Einheitskirche zu bilden.

Auf der letzten Weltkirchenkonferenz in Uppsala, Schweden, an der mehr als 2000 Delegierte teilnahmen - darunter 880 aus 232 Gliedkirchen der protestantischen, anglikanischen, orthodoxen und altkatholischen Gemeinschaften - legte man die weiteren Schritte in Richtung auf Vereinigung fest.

Dem Bericht des Magazins „Look" über die Weltkirchenkonferenz entnehmen wir folgenden Auszug: „Die Weltkirchenkonferenz in Uppsala war die bisher umfassendste Zusammenkunft von Christen seit 900 Jahren. Der Papst hatte 15 Beobachter entsandt, die zwar ohne Wahlrecht waren, jedoch alle Rechte eines Delegierten besaßen. Äußerungen des Vatikans war zu entnehmen, daß der Papst dieser Versammlung sehr wohlwollend gegenüberstehe. Pater Roberto Tucci, ein führender Jesuit, überraschte die Delegierten mit der Ankündigung, eine Vollmitgliedschaft der römisch-katholischen Kirche werde gegenwärtig ernsthaft geprüft. Neun katholische Vertreter wurden bereits in die Kommission für „Glaube und Lehre" gewählt. Der protestantische Theologe Robert McAfee Brown sagte wörtlich: ‚Die Katholiken sind kein Hemmschuh für unsere Sache. Die wirklich guten Katholiken sind den traditionsgebundenen Protestanten heute schon weit voraus.'"

Im weiteren berichtet die Zeitschrift darüber, daß viele Diskussionen über Weltwirtschaftsprobleme und Entwicklungshilfe stattgefunden hätten. Wörtlich heißt es darüber: „Das Gewissensringen des Weltrates ist echt. Man ist sich darüber einig, daß – wie sich die Volkswirtschaftlerin Barbara Wird ausdrückte – die meisten Christen in der Welt dem exklusiven Klub des weißen Mannes angehören, der über ein astronomisch hohes Einkommen verfügt. Zur Überbrückung dieser Kluft machte die Versammlung den Vorschlag, die reichen Nationen sollten ihren Wohlstandstrend etwas bremsen und 1 Prozent ihres nationalen Bruttoeinkommens für Entwicklungshilfe zur Verfügung stellen."

Der Weltkirchenrat vertritt zur Zeit etwa 2 Milliarden Menschen.

Die größte Delegation bei der vierten Weltkirchenkonferenz in Uppsala stellten die orthodoxen Kirchengemeinschaften. 140 der 700 offiziellen wahlberechtigten Delegierten gehörten der östlichen Orthodoxie an.

Bild oben:
Busfahrer entfaltet vor orthodoxem Prälaten das „Oikumene"-Symbol des Weltkirchenrats. Es weist auf den weltweiten Charakter der ökumenischen Bewegung hin.

Bild unten:
Teil der orthodoxen Delegation beim Eröffnungsgottesdienst in der Kathedrale zu Uppsala.

Allgemeine Kirchenmitgliedschaft gefordert

Der Vorsitzende des Nationalen Kirchenrates der Vereinigten Staaten (CNCC) legte kürzlich in einer Zeitschrift dar, wie er das Problem einer möglichst schnellen Vereinigung aller Konfessionen zu einer Einheitskirche sieht. Seiner Ansicht nach sollen die römisch-katholische Kirche sowie die größeren protestantischen Kirchen möglichst bald übereinkommen, eine „allgemeine Kirchenmitgliedschaft" einzuführen.

Wörtlich schreibt er: „Das heißt, jedes Mitglied einer bestimmten Kirche soll von den anderen Kirchen als vollberechtigtes Glied anerkannt werden; wer einer Kirchengemeinschaft angehört, gehört allen an. In der Praxis heißt das z. B.: Wenn jemand Glied der Methodistenkirche wird, ist er gleichzeitig Mitglied der Evangelischen Kirche, der Katholischen Kirche, der Orthodoxen Kirche, der Altkatholischen Kirche usw." Weiter schreibt der Theologe: „In der Praxis wird es natürlich so sein, daß manche einer bestimmten Tradition treu bleiben werden, andere jedoch werden gleichzeitig von verschiedenen Überlieferungen profitieren wollen; sie besuchen vielleicht die Bibelstunde bei den Lutheranern, die Gebetsstunde bei den Methodisten, die Messe bei den Katholiken usw."

Ist das nicht ein weiterer Schritt zur Verwirklichung einer Weltkirche, wie sie gemäß der Heiligen Schrift in den letzten Tagen in Erscheinung treten wird?

Typus der Einheitskirche der Endzeit ist die Gemeinde von Laodizea. Von ihr ist in der Offenbarung die Rede. Sie hält an der äußeren Frömmigkeit fest, aber von ihrer inneren Kraft will sie nichts wissen. Das Urteil Christi über Laodizea lautet: „Ich kenne deine Werke: Du bist weder kalt noch heiß. O, wenn du doch kalt oder heiß wärest! So aber bist du lau und weder kalt noch heiß. Darum werde ich dich aus meinem Munde ausspeien" (Off. 3, 15-16).

Auch in der katholischen Kirche macht sich zunehmend Unruhe breit. Mehr und mehr stellt man die Autorität des Papstes in Frage. Vielerorts bilden sich rebellische Priestergruppen und verlangen das Mitbestimmungsrecht.

Zum ersten Mal zweifeln viele Priester den Wert der Tradition an. Katholische Laien protestieren gegen die päpstliche Enzyklika zur Geburtenkontrolle und rufen auf, die Entscheidung des Papstes einfach zu ignorieren.

Louis Cassels, Leitartikler für kirchliche Nachrichten bei der Nachrichtenagentur UPI, schrieb: „Als Papst Paul VI. seine Enzyklika 'Humanae Vitae' über die Geburtenkontrolle herausgab, empfanden viele diesen Schritt als schweren Rückschlag für das Einheitsstreben unter den Christen."

Der Papst hatte den ökumenischen Hoffnungen einen Schlag versetzt, da er so starr an der traditionellen Auffassung festhielt, die fast allenthalben von den Protestanten abgelehnt wird.

Wahrscheinlich muß diese Ansicht jedoch revidiert werden. Kluge Beobachter vermuten allmählich, daß sich die Streitfrage der Geburtenkontrolle eher günstig als nachteilig für die Sache der Einheit auswirken wird. Sie begründen diese These wie folgt:

Das größte Hindernis für eine Vereinigung ist die Furcht der Protestanten vor der päpstlichen Machtstellung. Trotz des mäßigen Kurses, den Johannes der XXIII. eingeschlagen hatte, und trotz der Erklärungen des II. Vatikanischen Konzils zweifeln die meisten Protestanten weiter am Vorhandensein echter Gewissensfreiheit in der katholischen Kirche.

Nach den Worten von Dr. Robert McAfee Brown, der als presbyterianischer Konzilsbeobachter an der römischen

Kirchenversammlung teilgenommen hatte, fürchten die Protestanten, daß bei einer evtl. Vereinigung mit Rom von ihnen verlangt würde, ihre persönliche Gewissensentscheidung der Autoritätsstimme aus dem Vatikan unterzuordnen und sie dann ihre innere Überzeugung opfern müßten.

Die protestantische Meinung ändert sich

Die protestantische Auffassung von der unumschränkten päpstlichen Gewalt unterliegt im Augenblick einem beträchtlichen Wandel, da die Reaktion der Katholiken auf die päpstliche Enzyklika die Autorität des Papstes in einem ganz neuen Licht erscheinen läßt.

Ein Teil der katholischen Hierarchie, wie zum Beispiel Kardinal Patrick O'Boyle von Washington, hat sich genauso verhalten, wie es die Protestanten erwarteten, nämlich: Rom hat gesprochen, die Sache ist erledigt und steht außer jeder weiteren Diskussion. Doch andere Kardinäle und Bischöfe in verschiedenen westeuropäischen Ländern sowie führende katholische Theologen haben eine andere Einstellung zu dem päpstlichen Lehrschreiben. Sie erklären zwar, jede päpstliche Lehräußerung verdiene die ehrfürchtige Erwägung eines jeden Katholiken, sie sei jedoch nicht unfehlbar. Ein Katholik, der nach sorgfältiger Prüfung im Gebet mit der Entscheidung des Papstes nicht übereinstimmen könne, habe das Recht, ja sogar die Pflicht, seinem eigenen Gewissen zu folgen.

Ein ökumenischer Durchbruch

„Was kann ein Protestant noch mehr verlangen?" fragt Dr. Brown. „Welcher Protestant könnte diese Art der Gewissensentscheidung nicht voll und ganz unterschreiben?"

In der katholischen Zeitschrift „Commonweal" schreibt der presbyterianische Theologe, daß kein Ereignis seit der Wahl von Johannes XXIII. zum Papst im Jahre 1959 für die ökumenische Bewegung so wichtig war wie die Veröffentlichung des päpstlichen Lehrschreibens über die Geburtenkontrolle; denn die Aufnahme desselben bei den Katholiken zeige, daß die traditionellen Ansichten über die Autorität des römischen Papstes nicht länger ernsthaft vertreten werden könnten und daß die Katholiken im Grunde nicht stärker an fragwürdige Lehren gebunden seien als die Protestanten.

Eine Superkirche entsteht

Überall in der Welt wachsen die Missionsaufgaben, aber leider fehlt es vielerorts an Mitarbeitern. Viele kirchliche Gemeinschaften scheinen sich jedoch hierüber wenig Sorgen zu machen. Ihr Interesse gilt vornehmlich dem eigenen Wachstum und Wohlergehen. Die Statistik regiert. Neue Mitglieder müssen gewonnen werden. Man verliert sich in äußerem Betrieb, und die persönliche Seelsorge kommt zu kurz. Und doch ist gerade die persönliche Beratung und Fürsorge sehr wichtig. Aber wie soll das möglich sein, wenn die Gemeinde so groß wird, daß man einander kaum noch kennt?

Außerdem beschäftigt man sich vielerorts in den Gemeinden fast ausschließlich mit Bauprogrammen und ähnlichem. Darüber gehen ringsum Menschen verloren, weil ihnen keiner klar die Botschaft vom Heil gebracht hat.

Am Rand einer nuklearen Katastrophe

Wir haben einen Punkt erreicht, von dem aus es kein Zurück mehr gibt. Die einzige Hoffnung, die der Welt noch bleibt, ist die Möglichkeit, daß sich der einzelne zu Christus bekehren kann und dadurch errettet wird.

Eine Arbeitsgemeinschaft von Atomwissenschaftlern gibt eine Fachzeitschrift heraus, auf deren Titelblatt eine Uhr abgebildet ist, die sie die „Uhr der Endkatastrophe" nennen. Kürzlich hat man die Uhr auf 11.53 Uhr vorgestellt. Das geschah zum erstenmal seit 1953.

Der Herausgeber des Blattes, Dr. Eugene Rabinowitz, sagte dazu: „In Anbetracht der Tatsache, daß die letzten Jahre die Menschheit wesentlich näher an den Rand einer nuklearen Katastrophe gebracht haben, wurde unser Uhrzeiger näher auf Mitternacht vorgestellt."

Dr. Ralph Bunche, ehemals stellvertretender Generalsekretär der Vereinten Nationen, sagte einmal: „Es ist fast unvermeidbar, daß früher oder später ein Atomkrieg ausbricht, in den die ganze Welt verwickelt sein wird." Der ehemalige UN-Generalsekretär U Thant kannte nur ein Bestreben, nämlich die Vereinten Nationen und damit die Welt vor einem Atomkrieg zu bewahren.

In England angestellte Untersuchungen zur Verbesserung der Landesverteidigung haben zu dem Ergebnis geführt, daß man einem massiven Vorstoß der Sowjets in Westeuropa wahrscheinlich nicht länger als zwei bis drei Tage standhalten kann, selbst nicht unter Einsatz aller verfügbaren taktischen Atomwaffen. Außerdem wird Rußland bald die Führung der Amerikaner auf dem Gebiet der Fernlenkwaffen gebrochen haben.

Klingt es in Anbetracht dieser ernsten Tatbestände nicht fast wie ein übler Scherz, daß viele Kirchen nichts Besseres zu tun haben, als neue Mammutbauwerke zu errichten?

Die sterile Kirche bietet der Welt falsche Hoffnung an

Die Kirchen in den Vereinigten Staaten haben ungefähr

300 Milliarden DM in Liegenschaften investiert, meistens in Kirchenbauten und Gebäuden für die Sonntagsschule. Dieser Besitz wird weniger als 1 Prozent der Zeit voll genutzt, andererseits stellt er 80 Prozent des gesamten Kapitals der religiösen Körperschaften dar.

Wenn nur die Hälfte dieser Werte in gewinnbringenden Aktien angelegt worden wäre, beliefe sich der Ertrag mindestens auf 7 Milliarden DM jährlich. Dieser Betrag könnte nutzbringend für missionarische Ziele verwendet werden. Die Kirchen wenden heutzutage mehr für den Bau und Unterhalt von Gebäuden auf als für jede andere Tätigkeit. Selbst Kirchen, die an sich sehr viel Wert auf Missionsarbeit legen, haben in den letzten Jahren mehr und mehr für Bauwerke und deren Einrichtung ausgegeben, so daß zwangsläufig die missionarischen Aufgaben darunter gelitten haben.

Jesus wendet sich in Offenbarung, Kapitel 2 und 3, an die sieben Kirchen Kleinasiens und übermittelt ihnen eine Botschaft. Diese geht meiner Auffassung nach noch über den buchstäblichen Wortsinn hinaus; ich sehe in dem Nebeneinander der sieben Gemeinden gleichzeitig auch ein Nacheinander von sieben Zeitepochen der Kirchengeschichte.

Die Gemeinde von Ephesus erlebte etwa um 95 n. Chr. ihre Blütezeit und steht für das erste Zeitalter der Kirche. Von ihr sagt Christus: „. . . ich habe wider dich, daß du die *erste Liebe* verlässest" (Off. 2, 4).

Die zweite Gemeinde ist Smyrna; sie versinnbildlicht den zweiten Zeitabschnitt der Kirchengeschichte, der 313 zu Ende ging. Hier haben wir eine *verfolgte Gemeinde* vor uns, zu der Christus spricht: „Sei getreu bis an den Tod, so will ich dir die Krone des Lebens geben" (Off. 2, 10).

Die Zeit der Gemeinde von Pergamon begann mit dem Toleranzedikt Kaiser Konstantins im Jahre 313 und dauerte bis 590 n. Chr. Damals ging die *Kirche* eine gefährliche *Verbindung mit dem Staat* ein, was vielen zum Fallstrick wurde. Christus mahnt: „Ich weiß, was du tust und wo du wohnst . . ." (Off. 2, 13).

Die Gemeinde von Thyatira deutet auf die vierte Periode der Kirchengeschichte hin. Es ist die Zeit von etwa 590 bis 1500 n. Chr., als sich die Kirche des Mittelalters ausbreitete und festigte, in der *Nachfolge Christi* jedoch *gleichgültig* wurde. Zu ihr spricht Christus: „Ich habe wider dich, daß du lässest das Weib Isebel, die da spricht, sie sei eine Prophetin, lehren und verführen meine Knechte, Hurerei zu treiben und Götzenopfer zu essen" (Off. 2, 20).

Der Gemeinde von Sardes entspricht der Zeitraum von 1500-1800 n. Chr. Hier haben wir die *verweltlichte Kirche* der nachreformatorischen Zeit vor uns. Jesus sagt zu ihr: „Ich weiß deine Werke, denn du hast den Namen, daß du lebst und bist tot."

Die Gemeinde von Philadelphia entspricht dem Zeitalter, das im 19. Jahrhundert begann und noch andauert. Philadelphia bedeutet soviel wie Bruderliebe. Es ist die Kirche der *offenen Tür,* d. h. Gott hat ihr viele Möglichkeiten geschenkt. Hier haben wir die einzige der 7 Gemeinden vor uns, die die Verheißung hat, vor einer großen Trübsal bewahrt zu bleiben. Christus spricht zu ihr: „Ich weiß deine Werke. Siehe, ich habe vor dir gegeben eine offene Tür, und niemand kann sie zuschließen . . . ich will dich auch bewahren vor der Stunde der Versuchung" (Off. 3,8-10).

Die letzte der 7 Gemeinden ist Laodizea. Diese Zeitepoche beginnt im 20. Jahrhundert und wird bis zu den letzten Tagen dauern. Die Kirche von Laodizea ist lau und wird sich zur Welteinheitskirche entwickeln, und der Herr wird sie ausspeien aus seinem Munde. Von ihr spricht Jesus: „Ich weiß deine Werke, daß du weder kalt noch warm bist. Ach, daß du kalt oder warm wärest. Weil du aber lau bist, und weder kalt noch warm, werde ich dich ausspeien aus meinem Munde" (Off. 3,15-16).

Unsere heutige Zeit hat aber bereits gefährliche Ähnlichkeit mit dem Zeitalter von Laodizea. Vielleicht leben wir schon an seiner Schwelle. Echter Christusglaube findet sich immer seltener. Allenthalben breitet sich Lethargie und Gleichgültigkeit aus. Man verläßt sich lieber auf persönlichen Gewinn und materiellen Wohlstand, die bereits ein Stück Himmel auf Erden zu garantieren scheinen. Während uns viele glauben machen wollen, daß die Welt immer besseren Zeiten entgegengehe, erkennt man bei nüchterner Prüfung, daß die Tatsachen dagegen sprechen. Wir befinden uns auf dem Weg der Selbstvernichtung, und nur wenige Verantwortliche aus dem Raum der Kirche erheben warnend ihre Stimme. Viele andere gehen den breiten Weg mit der Welt, statt ihr den schmalen Weg der Rettung zu zeigen. Durch ihre Priester und Propheten, die den wahren Glauben aufgegeben haben, bieten sie Steine statt Brot an.

In unseren Tagen wird es sowohl den außerhalb als auch den innerhalb des Raumes der Kirche Stehenden schwerer denn je, an Gott zu glauben.

Wie du überleben kannst

Wer überleben will, muß zuerst einmal an die Existenz Gottes glauben. Ferner daran, daß er jedem, der ihn mit aufrichtigem Herzen sucht, das ewige Leben schenken möchte. „Aber ohne Glauben ist's unmöglich, Gott zu gefallen, denn wer zu Gott kommen will, der muß glauben, daß er sei, und denen, die ihn suchen, ein Vergelter sein werde" (Hebr. 11, 6).

Die Situation der Christen überall in der Welt, die Jesus als persönlichen Erlöser angenommen haben und auf sein Kommen harren, läßt sich mit der Noahs vergleichen. Wie er bauen sie eifrig an ihrer Arche und erheben mahnend ihre schwache Stimme mit der Einladung an alle, diesen rettenden Zufluchtsort aufzusuchen. Aber nur wenige machen von der Aufforderung Gebrauch. Die Welt ruht sich selbstzufrieden in ihrem Wohlstand aus und läßt sich gern weismachen, der Himmel sei bereits hier auf Erden und die Entwicklung bringe noch herrliche Zeiten.

Bald wird die Arche die Welt verlassen, und viele Plätze werden leer bleiben.

In Köln entdeckte man nach dem Krieg an der Wand eines zerbombten Luftschutzkellers folgende Verse:

„ICH GLAUBE . . .

Ich glaube an die Sonne,
auch wenn sie nicht scheint;
Ich glaube an die Liebe,
auch wenn ich sie nicht fühle;
Ich glaube an Gott,
auch wenn er schweigt."

Für viele in der Welt scheint Gott zu schweigen. Aber dennoch ist seine Botschaft da; auf jeder Seite der Bibel tritt sie uns warnend entgegen.

Entfliehen Sie, lieber Leser, doch auch einmal eine kleine Weile der täglichen Hast, und lassen Sie Gott durch sein Wort zu sich sprechen. Lesen Sie in der Bibel. Die Zeit, die Sie damit investieren, ist alles andere als vertan. Im Gegenteil, vielleicht retten Sie Ihr Leben!

2

IST DER TOD UNSER SCHICKSAL?

Im vorigen Kapitel sprachen wir von einigen Faktoren, die darauf hindeuten, daß wir in den „letzten Tagen" leben. Wir sprachen von der wachsenden Selbstsicherheit und der unerschütterlichen Fortschrittsgläubigkeit der Menschheit. Es war die Rede vom Ansteigen des Alkoholverbrauchs, von der immer mehr zunehmenden Kriminalität, der steigenden Streikwelle, der um sich greifenden Pornographie. Dann betrachteten wir das stete Bestreben der großen Kirchengemeinschaften überall in der Welt, sich in einer Welteinheitskirche zusammenzuschließen. All dies, zusammen mit der ständig drohenden Kriegsgefahr und dem immer größer werdenden Vernichtungsarsenal, bringt die Welt schnell an den Rand der Katastrophe.

Wir hatten es bisher nur mit einigen Zeichen zu tun, die auf die letzten Tage hinweisen. Doch gibt es Tatsachen, die von noch größerer Bedeutung sind und unabwendbar zur Selbstvernichtung führen müssen.

In den Zeitungen las man bis vor kurzem nicht allzu viel darüber. Aber die Wissenschaftler warnen immer wieder vor den Folgen, die unsere Welt zu tragen haben wird, wenn sie es versäumt, die Maßnahmen zu ergreifen, die uns vor der Selbstvernichtung bewahren könnten.

Zwei Hauptbedrohungen wollen wir herausgreifen: Erstens die Luftverseuchung und zweitens das rasche Wachstum der Erdbevölkerung.

Führende Wetterfachleute neigen immer mehr zu der Ansicht, daß unsere verseuchte Atmosphäre für die ungewöhnlichen Witterungsverhältnisse verantwortlich zu machen ist, denen wir in den letzten Jahren ausgesetzt waren.

Jedes Jahr werden mehr Rauch, Staub, Hitze, Dampf und Chemikalien in die Atmosphäre abgegeben. Gleichzeitig scheint das Wetter immer schlechter zu werden. Immer häufiger treten extreme Witterungsverhältnisse auf. Die Trockenperioden dauern länger, die Gewitter werden heftiger, die Wolkenbrüche stärker und der Schneefall ergiebiger. Häufiger als früher klagen die Flugpiloten über undurchdringlichen Nebel über weiten Gebieten.

Das Nebel- und Dunstproblem wird noch kritischer werden, falls sich die Staaten der nuklearen Elektrizitätserzeugung zuwenden, denn die Kernforschungszentren geben große Mengen an Feuchtigkeit an die Luft ab und schaffen damit ideale Voraussetzungen für künstlich erzeugten Nebel.

Die neuesten meteorologischen Statistiken zeigen, daß in La Porte im Bundesstaat Indiana, USA, die Niederschlagsmenge in einem Zeitraum von 30 Jahren um 31 Prozent zugenommen hat. Man hat dort außerdem in den letzten Jahren wesentlich häufiger heftige Unwetter mit Blitz und Hagelschlag erlebt. La Porte liegt 56 km östlich der riesigen Stahlwerke von Gary, Indiana.

Auch die vielen Düsenflugzeuge, die tagtäglich über das Land fliegen, tragen zur Veränderung der Wetterverhältnisse bei. Die großen Kondensstreifen aus Wasserdampf rufen bestimmte Kettenreaktionen hervor. Einige Wetterexperten führen die langen Trockenzeiten im Nordosten der

New York City an einem der seltenen klaren Tage.

New York City im „Smog" (gleiche Szene).

USA auf diese Kondensstreifen zurück; andere nehmen an, daß sie auch zum Teil für das überall in der Welt beobachtete Sinken der Temperaturen verantwortlich sind.

Das Klima auf der Erde wird kälter

Seit einigen Jahrzehnten beginnt unser Klima langsam abzukühlen, während vorher 50 Jahre lang die Tendenz zur Erwärmung beobachtet worden war. Einige Wissenschaftler führen an, daß es nur einiger Kältegrade mehr bedarf, um eine neue Eiszeit hervorzurufen. Das würde sich auf die Agrarwirtschaft der gemäßigten Zonen schnell und drastisch auswirken. Falls auf der anderen Seite die Durchschnittstemperatur auf der Erde nur um einige Grade ansteigt, schmilzt das Polareis, und der Meeresspiegel steigt um etwa 100 m an.

Durch die Verpestung der Erdatmosphäre bringen wir das Gleichgewicht des Energiekreislaufs auf der Erde durcheinander. Das Ergebnis ist erschreckend.

Die amerikanische Forschungsstelle zur Reinhaltung der Luft hat kürzlich geschätzt, daß im Jahre 1965 etwa 129 Millionen Tonnen Schmutz in die Luft abgegeben wurden, und daß sich dieser Betrag im Jahre 2000 auf 404 Millionen Tonnen jährlich erhöht haben wird.

Die Verschmutzung der Luft wird sich im Jahre 2000 aus folgenden Komponenten zusammensetzen: 76 Millionen Tonnen Schwefeldioxyd, 207 Millionen Tonnen Kohlenmonoxyd, 53 Millionen Tonnen Kohlenwasserstoff, 30 Millionen Tonnen Stickstoffoxyd und 28 Millionen Tonnen an Staub-, Kohlenstaub- und Rußpartikeln.

Das Problem der Luftverseuchung ist nicht neu, doch haben die letzten Jahre eine derartige Zunahme aller Verschmutzungskomponenten gebracht, daß wir bald einen kritischen Punkt erreicht haben werden.

Die Auswirkungen der Luftverseuchung

Bereits im Jahre 61 n. Chr. beklagte sich Seneca, der römische Philosoph und Lehrer Neros, über die dunstgeschwängerte Luft Roms und die schädlichen Abgase aus den rauchenden Kaminen. Es ist seltsam, aber es gab einmal eine Zeit, da man qualmende Schlote als Zeichen wirtschaftlichen Wohlstandes betrachtete. Heute jedoch sehen die Wissenschaftler darin eine Bedrohung für das menschliche Leben schlechthin.

Es sei nur daran erinnert, daß in Donora, einer Stadt von 12.500 Einwohnern im US-Bundesstaat Pennsylvanien, in der Nähe von Pittsburgh, im Jahre 1948 20 Menschen durch einen fünf Tage anhaltenden Smog ums Leben kamen, weitere 6000 Menschen benötigten ärztliche Hilfe. In London und New York kennt man ebenfalls diesen tödlichen mit Rauch und Abgasen durchsetzten Nebel. Im Jahre 1952 fielen 12 000 Menschen in London direkt oder indirekt diesen giftigen Dünsten zum Opfer.

Wodurch wird nun eigentlich diese Luftverseuchung erzeugt?

Eine luftverseuchende Komponente ist beispielsweise der Rauch von Gebrauchsgegenständen, die wir wegwerfen und anschließend verbrennen. Leider wird es durch die immer dichter werdende Besiedlung immer schwieriger, Müll und sonstige Abfälle zu lagern; daher benutzt man die Luft als Mülltonne.

Dem Normalbürger mag diese Luftverschmutzung gar nicht so bedenklich erscheinen; die Wissenschaftler betrachten sie dagegen als eine sehr ernste Bedrohung.

Es wird geschätzt, daß die Luftverschmutzung die Vereinigten Staaten jährlich etwa 40 Milliarden DM kostet. Eine vierköpfige Durchschnittsfamilie in New York gibt jährlich ungefähr 3000 Mark aus, um der Luftverseuchung entgegenzuwirken und den sich absetzenden Schmutz zu beseitigen. In einigen Jahren wird man das bekannte Lied „Amerika, du Schöne" kaum noch ehrlichen Herzens singen können.

Es scheint direkt widersinnig: In einer Zeit ungeheuren technischen Fortschritts (50 Prozent aller Erfindungen sollen in den letzten zehn Jahren gemacht worden sein) kann die Nebenerscheinung eben dieses Fortschritts ein langsamer, qualvoller Tod sein, der durch unsere verseuchte Luft hervorgerufen wird.

Die Natur hatte stets einen Weg, sich ihrer Abfälle durch Fäulnis und Verfall zu entledigen. Die Rückstände der Erzeugnisse des Menschen bestehen jedoch aus riesigen Mengen synthetischen Materials, das fast gänzlich der natürlichen Zersetzung widersteht. Dieser Abfall erweist sich mehr und mehr als giftig für Mensch und Tier.

Die Katastrophe greift um sich

In der Zeitschrift „Time" stand vor einiger Zeit ein Artikel über die Luftverseuchung, dem wir folgendes entnehmen: „Der Mensch scheint die Tatsache zu ignorieren, daß er ganz und gar von der Biosphäre abhängig ist, das heißt von einem großen Netzwerk ineinandergreifender Prozesse und Organismen, die einen rhythmischen Kreislauf bilden. Alles ist voneinander abhängig. Die Biosphäre ist nichts Unveränderliches.

Vor langer Zeit einmal bestand das irdische Leben aus primitiven Organismen, die den von den grünen Pflanzen produzierten Sauerstoff sofort wieder verbrauchten. Dann wurden diese Organismen unter Ablagerungsgestein begraben. So wurde es möglich, daß sich die Atmosphäre mit Sauerstoff anreichern konnte und das lebenserhaltende Gemisch aus 20 Prozent Sauerstoff, Stickstoff, Argon,

Kohlendioxyd und Wasserdampf entstand. Grüne Pflanzen, Tiere und Bakterien sorgten dafür, daß dieses Gemisch in seiner Zusammensetzung bis heute erhalten blieb.

Ungefähr 70 Prozent des gesamten Sauerstoffs der Erdatmosphäre wird durch das Phytoplankton der Meere hergestellt.

Für den Menschen der Urzeit war die Natur groß und gewaltig. Er stand ihr verehrend, ja oft sogar anbetend gegenüber. Er fügte seiner Umwelt wenig Schaden zu. Der Mensch unseres technologischen Zeitalters ist Herr des Atoms und bald auch des Mondes. Er ist sich seiner Stärke derart bewußt, daß er seine Schwächen gar nicht mehr wahrnimmt, die Tatsache nämlich, daß sich sein willkürliches Umgehen mit der Natur einmal bitter rächen könnte. Wenngleich man aus Sensationslust die kommende Katastrophe oft übertrieben kraß ausgemalt hat, so muß der moderne Mensch doch langsam einsehen, daß hier wirkliche Gefahren lauern. Tatsächlich machen sich viele unserer Gelehrten Sorgen darüber, daß der Mensch durch die Verschmutzung seiner Umwelt ernsthafte Schäden anzurichten vermag."

Als man die Schädlingsbekämpfungsmittel erfand, verbesserte man dadurch zwar wesentlich die Ernteerträge, gleichzeitig verursachten diese Mittel jedoch ein großes Fisch- und Wildsterben. Man hatte wieder einmal das von Gott geschaffene Gleichgewicht in der Natur durcheinandergebracht.

Betrachten wir ein typisches Beispiel: In der kanadischen Provinz New Brunswick wurde eine Schädlingsbekämpfungsaktion durchgeführt, bei der man pro Morgen Wald ein halbes Pfund DDT (Dichlordiphenyltrichloräthan) anwandte. Der Erfolg war, daß nicht nur der bekämpfte Schädling, sondern die gesamte Lachszucht in jenem Gebiet zugrunde ging.

Die Verwendung von DDT hat aber noch weitere Folgen. Der Regen spült den verseuchten Boden aus. Das Gift gelangt in das Plankton der Seen und Flüsse. Die Fische fressen das DDT-haltige Plankton; nach und nach konzentriert sich das Mittel in ihrem Körper. Zu guter Letzt werden die Fische von Raubvögeln gefressen, die oftmals daran sterben oder brutunfähig werden.

Es ist fast ausschließlich auf die Verwendung des Schädlingsbekämpfungsmittels DDT zurückzuführen, daß in Amerika die Falken, Habichte und Reiher immer mehr aussterben. Oberflächlich betrachtet ist das vielleicht von nebensächlicher Bedeutung, doch *jeder* Schritt auf diesem Weg stört irgendwie das Gleichgewicht in der Natur.

Es gibt eine Grenze

Manche geben sich dem irrigen Glauben hin, der Himmel sei grenzenlos. Sie meinen, daß aufgrund der ungeheuren Weite des Raumes die Verschmutzung der Luft niemals zu einer ernsthaften Gefahr für die Welt werden könne.

Die Wahrheit sieht jedoch anders aus. Die Erde stellt ein in sich geschlossenes System dar. Daher hat auch die Aufnahmefähigkeit der Atmosphäre für Abgase ihre Grenzen. Man muß wissen, daß unsere dichte Atmosphäre nur etwa 10 km hoch ist, d. h., innerhalb dieses Luftgürtels wehen unsere Winde. In der darüberliegenden Zone, die bis etwa 24 km reicht, nimmt die Dichte der Atmosphäre rapide ab.

Der Mensch füllt den 10 km hohen Luftraum, der die Erde wie ein Schirm umgibt, mit seinen Giftstoffen. Durch Luftverseuchung hervorgerufene Todesfälle haben uns bereits gezeigt, daß dieser Zustand zu einer Katastrophe führen kann. In Zukunft wird es aller Voraussicht nach noch weit schlimmer werden.

Im Hinblick auf die Umweltverseuchung wird gesagt, der Mensch sei das schmutzigste aller Lebewesen. Wir können unmöglich damit fortfahren, unsere Flüsse zu Kloaken zu machen und unsere Luft mit giftigen Gasen zu verpesten.

Doch die Menschheit befindet sich auf einem unwiderruflichen Kurs. Wenn die Entwicklung so weitergeht wie bisher, wird es keine Lösung des Problems mehr geben. Die Luftverschmutzung ist ja zudem eng verbunden mit den Schwierigkeiten, die sich aus der Überbevölkerung der Erde ergeben. Doch dieses Thema wird in einem späteren Kapitel behandelt werden.

Wachsende Müllhalden

Als unsere Technik noch nicht ganz so weit fortgeschritten war wie heute, benutzte man Blechdosen, die nach Gebrauch auf der Müllhalde mit der Zeit vom Rost zerfressen wurden, bis nichts mehr übrig blieb. Heute stellt man die Dosen aus unverwüstlichem Aluminium her, von dem die Fachleute sagen, daß es selbst die Lebensdauer der Pyramiden übertreffen wird.

Jährlich werden in den Vereinigten Staaten 48 Milliarden Dosen und 28 Milliarden Einwegflaschen und Gläser hergestellt. Der Durchschnittsamerikaner wäre sicher erstaunt, wenn er erführe, daß er jährlich 625 kg festen Müll abliefert. Diese Menge steigt pro Jahr um 4 Prozent. Jede Quadratmeile von Manhattan wirft pro Tag 125 Tonnen Abfall ab. Über 70 Prozent der amerikanischen Bevölkerung leben zusammengedrängt auf nur 10 Prozent der gesamten Landfläche der USA.

Das Bleitetraäthyl aus den Auspuffrohren der Autos zeigt eine verheerende Wirkung auf das menschliche Reaktionsvermögen. Die Wissenschaftler bestätigen, daß die bleihaltigen Autoabgase das menschliche Nervensystem schädlich beeinflussen, die Reizbarkeit wesentlich erhöhen und die normalen Gehirnfunktionen beeinträchtigen. Wie jedes metallische Gift ist auch Blei, wenn es in größeren Dosen vom Körper absorbiert wird, tödlich. Bereits heute haben Untersuchungen ergeben, daß der Bleigehalt im menschlichen Körper auf das 125fache angestiegen ist. Die Höchstgrenze der Verträglichkeit ist bereits erreicht! Interessant ist in diesem Zusammenhang noch, daß sogar die Gletscher der Arktis heute Blei enthalten, das durch Luftströmungen dorthin gelangt ist. Im Jahre 2000 sollen laut Statistik 90 Prozent der Amerikaner in Stadtgebieten wohnen. Da es dann auch doppelt soviel Autos geben wird wie heute, läßt sich leicht ausrechnen, um wieviel höher der Gehalt der Luft an tödlichem Bleitetraäthyl dann sein wird.

Es gibt Anhaltspunkte dafür, daß schon die Römer einer ähnlichen Gefahr durch Bleitetraäthyl ausgesetzt waren und daß dieser Faktor sogar zum Verfall des Reiches beigetragen hat.

Der für den Menschen lebensnotwendige Sauerstoff wird mehr und mehr von den luft-wasserverunreinigenden Gasen und Chemikalien verdrängt. Man nimmt an, daß im Jahre 1980 diese Giftstoffe den Sauerstoff in sämtlichen 22 Strom- und Flußtälern verdrängt haben werden.

Im Jahre 1940 gab es erst 1 Million Kraftwagen in den USA, heute sind es mehr als 100 Millionen, die alle das giftige Bleitetraäthyl in unsere Atmosphäre abgeben.

An einem Januartag im Jahre 1957 ereignete sich in Richmond, Virginia, etwas Ungewöhnliches. Mädchen, die ahnungslos durch die Straßen gingen, mußten plötzlich feststellen, daß sich ihre Nylonstrümpfe buchstäblich in Nichts auflösten und verschwanden.

Niemand konnte sich dieses Geheimnis erklären, bis

Großes Fischsterben am Michigansee bei Chicago. Die Ursache: verseuchte Gewässer.

Platznot auf einem New Yorker Friedhof. Die Bevölkerungsexplosion ist nicht nur ein Problem für die Lebenden.

man einen Chemiker zu Rate zog, der die Überreste analysierte. Nach eingehender Untersuchung stellte sich heraus, daß sich die Mädchen morgens gegen halb neun alle an der gleichen Straßenecke aufgehalten hatten. An jenem Morgen hatte man eine außergewöhnlich hohe Luftfeuchtigkeit gemessen, und es war absolut windstill gewesen. Außerdem war ein außergewöhnlich hoher Gehalt an schwefelhaltigen Abgasen festgestellt worden. Das alles zusammen hatte bewirkt, daß sich das Nylon buchstäblich aufgelöst hatte. Anschließende Nachforschungen ergaben, daß der Vorfall gar nicht so einmalig war. In anderen Städten hatte sich Ähnliches abgespielt.

Hauptursache vieler Erkrankungen

Es ist sehr wahrscheinlich, daß Abgase auch die Hauptursache für viele Krankheiten der Atmungsorgane sind. Die Zahl der Todesfälle durch Erkrankungen der Atmungsorgane verdoppelt sich alle 5 Jahre. Besonders Menschen zwischen 50 und 70 Jahren sind betroffen, und zwar in luftverseuchten Gebieten doppelt so viel wie in Gegenden, wo die Luft noch unverdorben ist.

Das Lungenemphysem ist zu einer tödlichen Gefahr ohnegleichen geworden. Auch diese Art der Erkrankung ist in ständigem Anwachsen begriffen. Es gibt heute in Amerika mehr Emphysem-Patienten als Opfer von Lungenkrebs und Tuberkulose zusammen. Insgesamt sind es mehr als eine Million Fälle. Nur Herzleiden treten bei Männern häufiger auf als Emphyseme.

Mancher versteht vielleicht nicht viel von der Chemie der Luftverseuchung. Die Zahlen dürften jedoch eine deutliche Sprache sprechen.

Die Bevölkerungsexplosion und unser Wettlauf ins Verderben

Während Sie diese Worte lesen, sterben vier Menschen den Hungertod. Jeden Tag sterben 50.000 Menschen an Unterernährung. Die meisten davon sind Kinder.

Daher ist die Voraussage des Landwirtschaftsexperten und ehemaligen Landwirtschaftsministers der USA Orville Freeman nicht verwunderlich, derzufolge die Welt im Jahre 1985 ohne Nahrungsmittel sein wird.

Genau das sagt die Bibel, Gottes Wort, für die Endzeit voraus, und zwar im Matthäus-Evangelium, Kapitel 24. Dort wird berichtet, wie die Jünger zu Jesus kommen, um ihn nach den Zeichen seiner Wiederkunft zu fragen. Er antwortete ihnen, sie würden von Kriegen und Kriegsgeschrei hören, aber das seien noch keine eigentlichen Zeichen des Endes. „Das muß zum ersten alles geschehen, aber es ist noch nicht das Ende da" (Vers 6). Dann heißt es in Vers 7: „Es werden Hungersnöte kommen" und in Vers 8: „Da wird sich zu allererst die Not anheben."

Die Zeitbombe der Bevölkerungsexplosion ist gekoppelt mit der Luftverseuchung. Beim Lesen der einschlägigen Statistiken stellt man mit einer gewissen Ironie fest: Der Mensch, der gegen Gott rebelliert, verursacht gerade dadurch seinen eigenen Untergang.

Nahrungsmittelüberschuß – eine Legende

Vielerorts hat man die falsche Vorstellung, wir besäßen Überschuß an Nahrungsmitteln. Schon seit mehr als 10 Jahren hat es jedoch keinen wirklichen Nahrungsmittelüberschuß mehr gegeben, denn seit jener Zeit hat die Bevölkerung derart zugenommen, daß die Erde nicht mehr genügend Nahrung hervorbringen kann. Auch die großen Vorratslager sind mittlerweile aufgebraucht. Kürzlich sagte ein Berater der indischen Regierung: „Die Welt steht an der Schwelle einer der größten Hungersnöte ihrer Geschichte. Sie wird Millionen, vielleicht sogar Milliarden Menschen erfassen."

Was versteht man nun eigentlich unter dem Begriff „Bevölkerungsexplosion", und welche Folgen ergeben sich aus dieser Tatsache?

Fachleute erklären, daß die unterentwickelten Länder jedes Jahr ein wenig mehr mit ihrer Nahrungsmittelproduktion im Verhältnis zur Bevölkerungszunahme zurückbleiben. Das Ergebnis: Massensterben durch Unterernährung. Heute sterben jährlich etwa 3,5 Millionen Menschen an Hunger; die meisten davon im Kindesalter. In 10 oder 20 Jahren werden es jedoch noch viel mehr sein. Das Tragische daran ist, daß man keine wirksamen Maßnahmen ergreift, um diese erschreckende Entwicklung zu bremsen.

Erschreckende Zahlen

Dr. Paul R. Ehrlich hat in seinem Buch „The Population Bomb" (Die Bevölkerungsbombe) einige erschreckende Zahlen über das Wachstum der Erdbevölkerung veröffentlicht.

Um 1650 nahm man an, daß sich ungefähr alle 1000 Jahre die Bevölkerung verdoppele. Nach Schätzungen lebten damals etwa 500 Millionen Menschen auf der Erde.

1850 waren es bereits 1 Milliarde. Die Bevölkerung hatte sich also bereits in 200 Jahren verdoppelt. Für die nächste Verdoppelung bedurfte es nur 80 Jahre, so daß 1930 bereits 2 Milliarden Menschen auf der Erde lebten. Zur Zeit ist bereits die 3-Milliarden-Grenze überschritten.

Hungersnot auf dem Höhepunkt - Biafranerin hält eine tote Ratte in der Hand, die sie zum Kochen vorbereitet. Der Hunger schreckte die Bevölkerung nicht von dem Verzehr von Ratten, Schlangen und Insekten ab.

Das bedeutet, daß 1975 mit 4 Milliarden Menschen gerechnet werden muß. Verdoppelungszeit: 35 Jahre. Um das Ganze noch stärker zu verdeutlichen: Die Verdoppelungszeiten haben erstaunlich abgenommen: 1000 Jahre, 200 Jahre, 80 Jahre, 35 Jahre.

Nehmen wir einmal an, es bliebe bei der jetzigen Verdoppelungszeit von 35 Jahren, so würde das bedeuten, daß in 900 Jahren 60.000.000.000.000.000 Menschen die Erde bevölkern würden. In Worten sind das sechzig Millionen Milliarden. Auf jeden Quadratmeter Erdoberfläche, einschließlich der Meere, kämen dann etwa 100 Menschen.

In Science-Fiction-Romanen hat man sich zwar schon Gedanken darüber gemacht, wie das Problem des Zusammenlebens unter solchen Bedingungen zu lösen wäre, etwa indem man von riesigen 2000-stöckigen Gebäuden spricht, die sich allerdings über die ganze Erdoberfläche erstrecken müßten. Eine ideale Lösung hat bisher jedoch noch niemand gefunden.

Jedenfalls werden die nächsten 10 Jahre ungeheure Probleme hinsichtlich der Bevölkerungszunahme aufwerfen. Während sich die Bevölkerung in Amerika innerhalb von 35 Jahren verdoppeln wird, verdoppelt sich die Bevölkerung Kenias in 24 Jahren, Costa Rica und die Philippinen brauchen zur Verdoppelung sogar nur 20 Jahre.

Man müßte, um den Lebensstandard in der Welt auf dem heutigen bereits vielerorts unzulänglichen Stand zu halten, die Nahrungsmittelproduktion sofort verdoppeln. Das Straßennetz müßte um das Doppelte vergrößert werden, und wir brauchten doppelt soviel Ärzte und Verwaltungsfachleute.

Der Tag X

Manche Fachleute nehmen an, daß die „Bevölkerungsbombe" um das Jahr 2000 explodieren wird. Ihre Vermutungen stützen sich darauf, daß 40 Prozent der Bevölkerung der unterentwickelten Länder aus Kindern unter 15 Jahren besteht. Wenn diese jungen Menschen in das zeugungsfähige Alter kommen, werden wir die größte Geburtenzahl aller Zeiten erleben. Neue Erkenntnisse auf medizinischem Gebiet haben zu dieser Entwicklung wesentlich beigetragen. Denn die erstaunlichen Techniken zur Verlängerung des Lebens sowie zur Verminderung der Säuglingssterblichkeit tragen mit dazu bei, daß bald die größte Bevölkerungsexplosion aller Zeiten stattfinden wird.

Die Schlacht um die Ernährung der Menschheit ist jedoch bereits verloren. In den nächsten 10 Jahren werden wir Hungersnöte von unvorstellbaren Ausmaßen erleben. Im Jahre 1966 nahm die Erdbevölkerung zum Beispiel um 70 Millionen Menschen zu, doch die Produktion an Nahrungsmitteln hielt damit in keiner Weise Schritt. Auf die Weltbevölkerung umgerechnet hatte jeder Mensch auf der Erde bereits 1966 2 Prozent weniger zu essen als im Vorjahr.

In 13 Jahren werden in Indien 200 Millionen Menschen mehr leben als heute, obwohl nicht einmal die jetzige Bevölkerung ausreichend ernährt werden kann.

Wasser, Wasser!

Bereits heute investiert Indien fast 200 Millionen DM pro Jahr, um die Bevölkerungszunahme unter Kontrolle zu bringen, allerdings ohne großen Erfolg. Indiens Bevölkerung wird gegenwärtig auf 550 Millionen geschätzt, und die Statistiken über die Zunahme sind erschreckend.

Alle 1,5 Sekunden wird in Indien ein Mensch geboren. Das sind in einem Jahr 21 Millionen. Die Sterblichkeitsziffer liegt im selben Zeitraum bei nur 9 Millionen. Bei der jetzigen Zuwachsrate wird Indien 1994 eine Milliarde Menschen zu ernähren haben.

Wie steht es nun eigentlich bei uns in den westlichen, hochzivilisierten Staaten mit dem Ackerland? Besitzen wir genügend Reserven, um ruhig der Zukunft entgegensehen zu können? Betrachten wir als Beispiel wieder die USA.

In Iowa, das gewöhnlich als fruchtbarstes Gebiet der Vereinigten Staaten angesehen wird, nehmen die Ackerbauerträge jährlich um 1 Prozent ab. Selbst die bewässerten Gebiete an der Westküste sind der ständigen Gefahr der Versalzung durch den steigenden Wasserpegel ausgesetzt.

In einigen Gegenden sickert das Salzwasser sogar in die wasserführenden Schichten der Gebirge ein.

Im Jahre 1984 werden die Vereinigten Staaten zwei Drittel mehr Wasser benötigen als heute. Niemand weiß noch, wo dieses Wasser herkommen soll.

Bei dem Mißbrauch der Wassergebiete und der ständig zunehmenden Bevölkerung ist es durchaus möglich, daß das Land im Jahre 1984 buchstäblich an Durst zugrunde gehen wird.

Ein weiteres Problem! Gegenwärtig verbrauchen die USA mehr als die Hälfte aller Rohmaterialien der Welt. Man beachte: Ein Land, mit weniger als ein Zwölftel der Weltbevölkerung benötigt mehr Rohstoffe als die übrige Welt zusammen, um seine Führungsrolle behaupten zu können. Falls die gegenwärtige Entwicklung anhält, werden die Vereinigten Staaten in 20 Jahren wesentlich weniger als ein Zwölftel der Erdbevölkerung darstellen. Trotzdem werden sie aber 80 Prozent aller Hilfsquellen für sich ausschöpfen.

Was könnte getan werden, um die Güter der Welt gerechter zu verteilen? Oder ist es gar schon zu spät dazu?

Niemand hat bisher einen gangbaren Weg gefunden, der möglichst vielen gerecht wird.

Zusammenfassend kann gesagt werden, daß die Umweltverseuchung und die Überbevölkerung so schwerwiegende Probleme darstellen, daß eine Katastrophe unausweichlich erscheint. Können wir dem Untergang entgehen, oder müssen wir dem Fatalismus verfallen, da ja doch alles Mühen keinen Sinn mehr hat, weil es schon zu spät ist? Im weiteren Verlauf dieser Darlegungen werden wir auf diese Fragen eine Antwort zu geben versuchen.

3

DIE GRAUSAMKEIT IN UNSERER ZIVILISATION

Kürzlich erklärte einer der Kandidaten für die Präsidentenwahlen, das Land sei in den vergangenen Jahren mit Regierungsprogrammen für die Arbeitslosen, Programmen für die Städteplanung, Programmen für die Armen usw. überschwemmt worden. Diese Programme hätten eine gefährliche Welle der Enttäuschung, Gewalttätigkeit und Resignation über das Land gebracht.

Er versprach seinen Zuhörern einen baldigen Wandel der Verhältnisse zum Besseren. Doch wie sieht die Wirklichkeit aus? Betrachtet man die Katastrophengebiete überall in der Welt, dann kann man nur sagen, daß sich die Verhältnisse zwar wandeln, aber nicht zum Besseren, sondern zum Schlechteren. Es ist schwer zu verstehen, daß wir einerseits immer bessere Hilfsprogramme für unsere notleidenden Mitmenschen entwickeln, andererseits aber immer ausgeklügeltere Methoden der Massenvernichtung sowie sonstige Grausamkeiten erdenken.

In unserer Zivilisation gibt es verschiedene Arten von Grausamkeit, die wir im folgenden näher untersuchen wollen.

Der Hunger

Der Bürgerkrieg in Biafra hat gezeigt, daß es trotz aller Bemühungen wohlgesinnter Kreise nicht möglich war, ein tragisches Massensterben der Biafraner zu verhindern.

Schätzungsweise 120.000 Menschen starben in jenem Krieg an Hunger.

Henry Lavouisse, Direktor des Kinderfonds der UNO, berichtete nach seinem Besuch in Südostnigeria: „Ich war Zeuge des schrecklichen Elends vieler tausender Flüchtlinge, die in dieses Gebiet einströmten. Auf beiden Seiten des Wegs lagen zahllose Tote, besonders Kinder. Sie waren an Unterernährung gestorben. Andere Flüchtlinge waren bereits so sehr geschwächt, daß kaum mit ihrem Überleben gerechnet werden konnte."

Das Internationale Rote Kreuz hatte ganz in der Nähe 1500 Tonnen Nahrungsmittel gelagert. Doch bis Mitte August 1968 war es trotz aller Bemühungen nicht gelungen, die Vorräte an die Hungernden zu verteilen. Andere Hilfsorganisationen hatten ebenfalls wenig Erfolg bei dem Versuch, die Blockade zu durchbrechen.

Dieses dramatische Massensterben durch Unterernährung wurde in der ganzen Welt bekannt, weil es unter politischen Vorzeichen geschah. In Wirklichkeit sterben jedoch täglich 50.000 Menschen unter weniger aufsehenerregenden Bedingungen.

Viele Zeitgenossen interessieren sich brennend für ihre Vierbeiner. Während täglich 50.000 Menschen den Hungertod sterben, verwöhnen sie ihre Haustiere mit Leckerbissen. Die Abfälle vom Tisch sind längst nicht mehr gut genug. Die Hersteller von Katzen- und Hundenahrung machen gute Geschäfte. Rund 1,7 Milliarden DM geben Deutschlands Katzenfreunde Jahr für Jahr für ihre Lieblinge aus. Katzen und Hunde erhalten heute in den Industrieländern eine bessere Pflege und bekommen gesündere und ausgewogenere Nahrung als weite Teile der Menschheit. Den Tieren zollt man in übertriebener Weise Mitleid, ein Gefühl, das man eigentlich in erster Linie für seine Mitmenschen hegen sollte.

Wie sehr trifft auf diese Situation das zu, was der Apostel Paulus in seinem zweiten Brief an Timotheus geschrieben hat: „In den letzten Tagen werden die Menschen selbstsüchtig und geldgierig sein, prahlerisch und hochmütig, schmähsüchtig, den Eltern ungehorsam, undankbar, gottlos . . . verräterisch, leichtfertig und dünkelhaft, mehr dem Genuß als der Liebe zu Gott ergeben" (2. Tim. 3,2 u. 4).

Um sich greifende Krankheiten

Während die moderne Medizin in den hochentwickelten Ländern die meisten Krankheiten unter Kontrolle hat, darf man nicht übersehen, daß viele Länder der Erde weiterhin von Krankheiten geknechtet und von Hungersnöten heimgesucht werden. Wenn man von den Triumphen der modernen Medizin liest, wie z. B. bei Herzverpflanzungen und in den Bereichen der Gehirnchirurgie und Krebsforschung, übersieht man allzu leicht, daß diese Erfolge für die 346 Millionen Afrikaner kaum von praktischer Bedeutung sind, da sie ganz andersgeartete Gesundheitsprobleme haben.

In der Tat bietet uns dieser Kontinent, was Krankheiten anbetrifft, ein grausiges Bild. Die Hälfte aller Afrikaner ist jünger als 15 Jahre. Die Hälfte aller Kinder sterben unter 5 Jahren. Die Lebenserwartung ist in den einzelnen Gebieten, sowie mancherorts bei Männern und Frauen, sehr unterschiedlich. Das größte Problem des Kontinents bildet immer noch die Malaria. Ein Drittel bis ein Viertel der erwachsenen Bevölkerung leidet unter Malariaanfällen. Die durch diese Krankheit hervorgerufene Todesrate liegt in Ghana beispielsweise bei 12 Prozent.

Die Malaria ist in Europa und Amerika keine Gefahr, dafür müssen sich die Ärzte vielerorts mit der sprung-

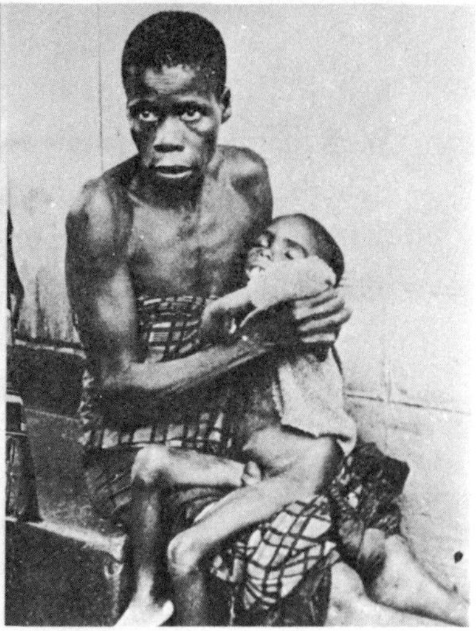

Bild links: Die zivilisierte Grausamkeit unserer Welt:
Biafranischer Rekrut übt den Umgang mit dem Bajonett. Als Übungsgerät dient in Ermanglung einer echten Waffe ein Stock.

Bild rechts: Frau in Flüchtlingslager hält ihr verhungertes Kind auf dem Arm.

Westberliner Kinder spielen im Schatten der Mauer „Ringel-Ringel-Rose". Die Mauer der Sünde trennt die Menschen von Gott. Christus spricht: „Es sei denn, daß ihr euch umkehrt und werdet wie die Kinder, so werdet ihr nicht ins Himmelreich kommen" (Matth. 18,3). Wie schwer fällt den Erwachsenen der vertrauensvolle „Kinderglaube". Wie oft errichten wir zwischen uns Mauern des Mißtrauens und Zweifels!

haften Zunahme der Geschlechtskrankheiten befassen. Weil man kein genaues Bild von der Zahl der betroffenen Fälle besitzt, wird es immer schwerer, diese Leiden einzudämmen. Ihre Auswirkungen werden sich wohl erst in der kommenden Generation offen zeigen.

Mauern

Die Grausamkeiten der Zivilisation finden sich nicht nur in den Gebieten, wo Hungersnöte und Krankheiten vorherrschen, sondern auch überall dort, wo Menschen Barrieren zwischen sich errichten.

Die Berliner Mauer steht nun schon seit 1961 und bildet eine stärkere Schranke denn je. Immer seltener gelingt es einzelnen, dieses Hindernis zu überwinden. Die Mauer teilt eine ganze Stadt in zwei Hälften und konnte nur gebaut werden, weil die Gleichgültigkeit in der Welt vorherrscht. Schon immer war es die Politik der Kommunisten, die Gleichgültigkeit zu ihrem Vorteil auszunutzen.

Wir leben in einer widerspruchsvollen Zeit. Auf der einen Seite wird die Grausamkeit angeprangert, andererseits jedoch schafft man Voraussetzungen zur Zerstörung der Menschheit. Während wir Milliarden für Vernichtungswaffen ausgeben, bringen wir nur mit Mühe ein paar Millionen auf, um die vielen Leiden der Menschheit zu lindern.

Vernichtungswaffen

Im Jahre 1968 führte die amerikanische Atomenergiekommission einen großen unterirdischen Atombombenversuch durch. Die Bombe explodierte 1158 Meter unter der Wüstenoberfläche und entsprach einer Sprengkraft von 1 Million Tonnen TNT. Sie besaß eine 60mal größere Zerstörungskraft als die Bombe von Hiroshima. Diese

Waffe wurde hauptsächlich entwickelt, weil man vermutet, daß Rotchina ebenfalls über nukleare Fernlenkwaffen verfügt.

Obwohl die Explosion tief unter der Erdoberfläche stattfand, waren die Erschütterungen noch in einem Umkreis von Hunderten von Kilometern festzustellen. Sie erzeugte eine Temperatur von mehreren Millionen Grad, die das vulkanische Gestein zum Schmelzen brachte. Eine riesige Höhle entstand unter der Wüste.

Währenddessen erlangte in einem anderen Teil des amerikanischen Westens ein weiterer „Wunderkiller" unerwünschte Popularität. 6000 Schafe mußten dabei ihr Leben lassen. Es hätten genauso gut Menschen sein können.

Es war ein Tag wie jeder andere. In Skull Valley im Staate Utah weideten friedlich 6000 Schafe. Plötzlich geschahen seltsame Dinge. Der Leiter der Schafranch sah plötzlich, wie die Tiere zu zappeln begannen, dann ihre Beine im Todeskampf ausstreckten und verendeten. Zuerst machte er die Beobachtung nur bei einigen Tieren. Doch es wurden immer mehr, bis schließlich alle 6000 Schafe verendet waren. Eine Weile konnte sich niemand die Ursache des plötzlichen Massensterbens erklären. Intensive Untersuchungen der Landwirtschaftsbehörde und der Armee brachten schließlich folgendes ans Licht.

Am 13. März hatte ein Flugzeug der Luftwaffe 1200 Liter Nervengas freigesetzt, ein Mittel, das kurz zuvor entwickelt worden war. Das Gas wurde über dem „Dugway Proving Ground Gebiet" abgelassen. Der Wind in 700 Meter Höhe war veränderlich und wehte mit einer Geschwindigkeit von 8-40 km in der Stunde in nördlicher Richtung. Die Schafe grasten auf der anderen Seite der Gebirgskette 30-50 km ostwärts. Untersuchungen ergaben, daß fast 95 Prozent des Mittels über dem vorgesehenen Zielgebiet niedergegangen waren, einer Fläche von 1,7 km Breite und 65 km Länge. Ein Teil der restlichen 5 Prozent des Gases war jedoch hochgetrieben worden, und zwar in eine Höhe, in der andere Windverhältnisse herrschten. Es blieb ca. zwei Stunden in der Atmosphäre, bis ein Wechsel in der Windrichtung eintrat, und wurde dann ostwärts getrieben, genau zu dem Weidegebiet der Schafe hin. Das Gas griff das zentrale Nervensystem der Tiere an und tötete sie schließlich.

Was wir noch in Science-Fiction-Romanen lesen, ist bereits Wirklichkeit. Man hat Massenvernichtungsmittel entwickelt, die in den Händen Verantwortungsloser zu einem Weltchaos führen können. „Du sollst wissen, daß in den letzten Tagen schwere Zeiten hereinbrechen" (2. Tim. 3, 1).

Dieser Unglücksfall brachte die Tatsache an die Öffentlichkeit, daß die USA ein tödliches Nervengas entwickelt haben, von dem bereits winzige Mengen eine Massenkatastrophe auslösen können. Wird das Gas eingeatmet, tritt der Tod innerhalb von wenigen Minuten ein, ein Tropfen des flüssigen Gases auf der Haut verursacht den Tod innerhalb von einer Stunde. Die Pupillen des Auges schließen sich, die Atmung fällt immer schwerer, weil die Nerven, die die Muskeln des Herzens und der Lunge kontrollieren, angegriffen werden. Schließlich setzen Krämpfe ein, die zum Tode führen.

Das Nervengas ist nur eine der vielen tödlich wirkenden Geheimwaffen, die in vielen Staaten der Welt zur Verfügung stehen. Innerhalb einer kurzen Zeitspanne können auf diese Weise Millionen von Menschen vernichtet werden. Die Vereinigten Staaten haben als einziges größeres Land das Genfer Protokoll von 1925 nicht unterschrieben, in dem die Entwicklung chemischer und biologischer Waffen verboten wird. Man muß zwar die Umstände berücksichtigen, unter denen die USA ihre Entscheidung

Zwei Schafhirten beim Wegräumen toter Schafe, die durch tödliches Nervengas, das in der Nähe durch die Armee getestet worden war, um's Leben kamen.

trafen, um ein gerechtes Urteil fällen zu können. Doch kennzeichnet diese Entscheidung an sich die Situation in der Welt. Interessant in diesem Zusammenhang ist, daß die USA vor Jahren mehr als 1,5 Millionen Gaskampfschutzanzüge für die Armee in Auftrag gegeben haben.

Napalm

Napalm ist eine brennbare Substanz. Sie wurde 1942 von L. F. Fieser erfunden. Ihre Herstellung ist sehr einfach. Man benötigt lediglich billige und in genügender Menge vorhandene Stoffe, auch sind keinerlei spezielle Techniken erforderlich.

Napalm ist eine äußerst zähe und dauerhafte Substanz, die selbst dem Druck einer Explosion ohne Schaden widersteht. Die Substanz ist auch nicht temperaturempfindlich. Sie verdünnt sich nicht bei 65° Celsius (Tropen) und wird auch nicht brüchig bei 40° Celsius, wie sie im Bombenschacht der Flugzeuge vorherrscht. Die geleeartige Masse kann über lange Zeitspannen gelagert werden und verliert auch durch den Transport nicht an Wirkkraft.

Die Temperatur einer Napalmflamme kann 2060° Celsius erreichen, ein unvorstellbarer Hitzegrad. Napalmbomben können ganz exakt auch auf kleine Ziele eingesetzt werden, die mehr als 150 m entfernt liegen. 600 Liter Napalm aus einem niedrig fliegenden Flugzeug abgelassen, reichen aus, um auf 2000 qm Fläche Tod und Verderben auszubreiten.

Verbrennungen durch Napalm sind tief und ausgedehnt. Seine Haftbarkeit, lange Brenndauer und hohe Verbrennungstemperatur rufen meist Verbrennungen dritten Grades hervor. Es läßt Muskeln, Fleisch und andere tiefliegende Gewebe koagulieren (gerinnen). Bei Napalmverbrennungen bleiben stets große Narben, Hautzusammen-

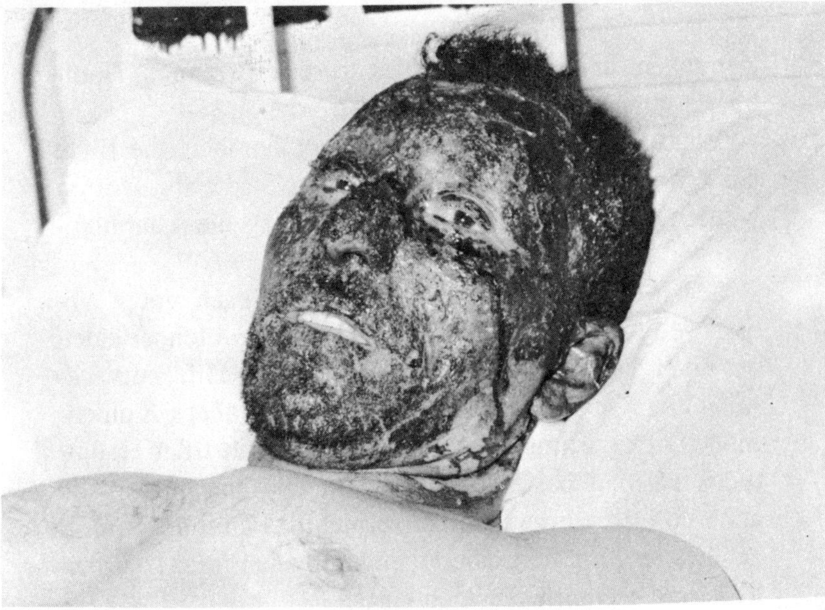

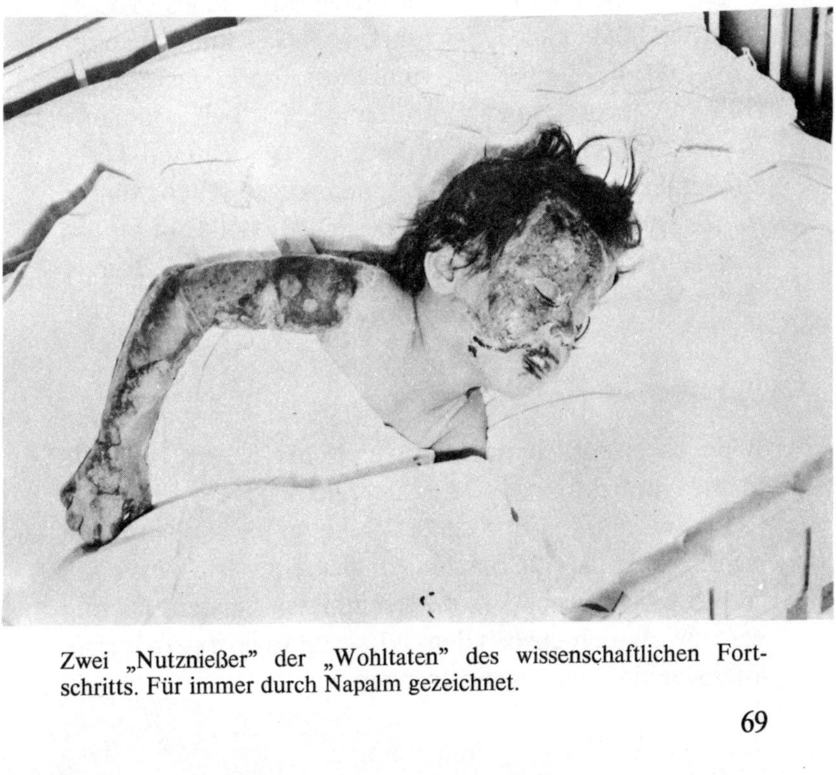

Zwei „Nutznießer" der „Wohltaten" des wissenschaftlichen Fortschritts. Für immer durch Napalm gezeichnet.

ziehungen und Deformationen zurück, wodurch Hautübertragungen äußerst erschwert werden.

Viele wissen nicht, daß die Napalmbomben, die Ende des Zweiten Weltkrieges auf japanische Städte abgeworfen wurden, mehr Todesfälle verursachten, als die Atombomben von Hiroshima und Nagasaki.

Selbst die Rettungsmannschaften, die nach einem Abwurf von Napalm das verseuchte Gebiet betreten, erleiden oft noch Verbrennungen durch die große Hitzeentwicklung. Viele Opfer erliegen auch einem Herzkollaps; Kohlenmonoxydvergiftungen gehören ebenfalls mit zu den Haupttodesursachen bei Napalmbränden. Die Napalmbomben gehören also zu den Massenvernichtungsmitteln unserer Zivilisation. Bei den Überlebenden bleiben meist körperliche und seelische Schäden zurück.

Der Krieg kennt keine Moralgesetze. Jedes größere Land, das heutzutage Krieg führt, setzt Napalmbomben ein.

Würde die Zivilbevölkerung die schrecklichen, durch Napalm verursachten Verbrennungen bei Männern, Frauen und Kindern, sowie die übel zugerichteten Toten auf den Schlachtfeldern mit eigenen Augen sehen, könnte sie die Opfer in den Spitälern besuchen, vielleicht erhöbe sich dann ein Sturm des Protestes zur Bannung solch grausamer Waffen.

Das Wettrüsten

Wäre es eigentlich nicht ein logischer Schritt, auf alle Massenvernichtungswaffen zu verzichten?

Das scheint jedoch unmöglich, denn die Weltsituation erfordert es, daß die Staaten für den Ernstfall militärisch gerüstet sind, besonders die Vereinigten Staaten. Da nun die Sowjetunion ebenso denkt, kommt es zu einem immer intensiveren Rüstungswettrennen.

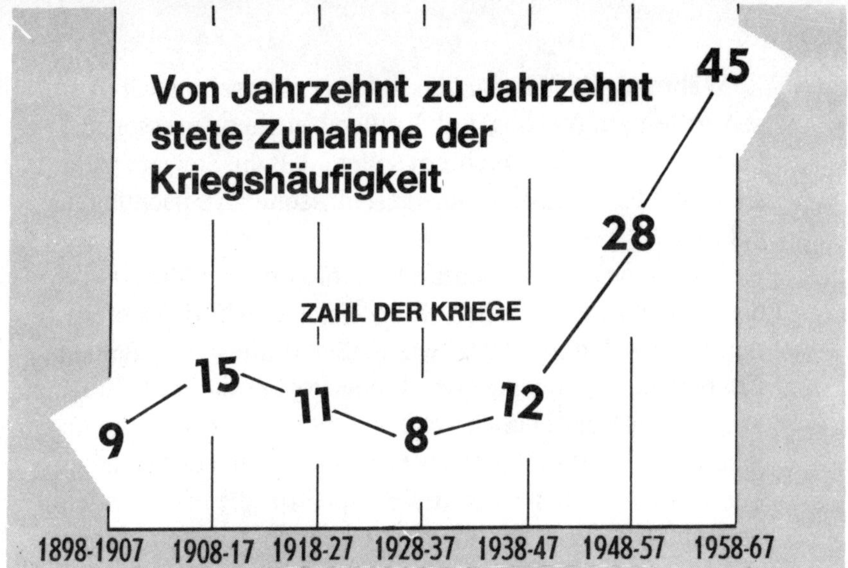

Von den 128 bewaffneten Konflikten fanden 73, das heißt 57 Prozent, in den letzten beiden Jahrzehnten statt.

Die vier Arten des Krieges

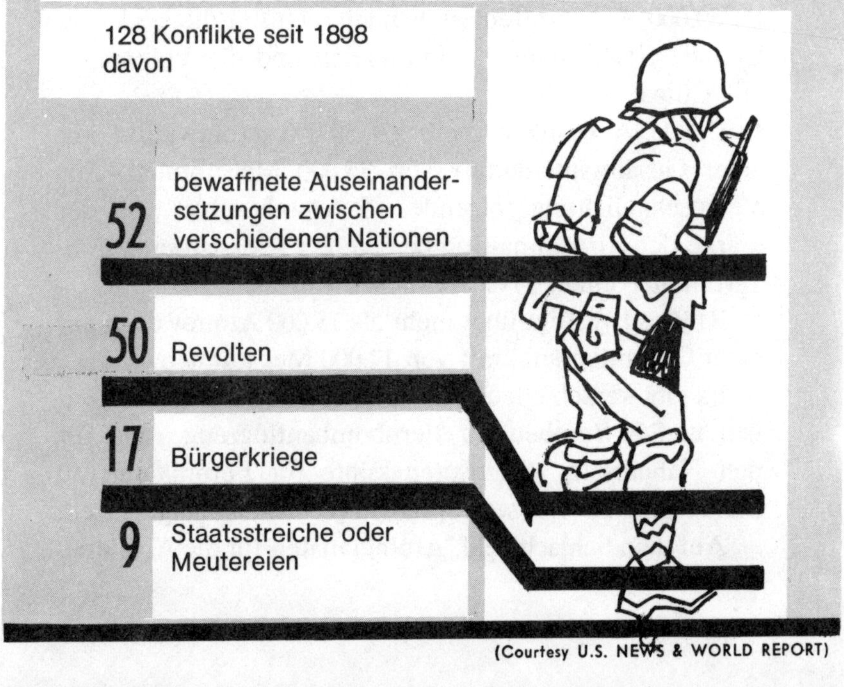

(Courtesy U.S. NEWS & WORLD REPORT)

Während die Vereinigten Staaten einerseits nach Wegen zu einem Vertrag mit Rußland suchen, müssen die führenden Politiker nüchtern sehen, daß die Sowjets nicht allzuviel Rücksichten auf geschlossene Abmachungen nehmen.

Die russische Waffenhilfe für Nordvietnam fordert von den Amerikanern täglich ihren Tribut an Kriegsopfern. Auch die Art und Weise, wie Rußland die sich regenden Freiheitsbewegungen in der Tschechoslowakei zerschlug, zeigt unmißverständlich, daß wir noch weit von einem Klima der Verständigung entfernt sind. Auch der Nahostkonflikt ist ein anschauliches Beispiel für die anhaltenden Spannungen. Wie wir in den folgenden Kapiteln sehen werden, wird die Palästinafrage einmal zu einem großen Zusammenstoß der Großmächte führen.

Das Arsenal an Atomwaffen

„Fünf Nationen der Welt verfügen zusammen über mehr als 50.000 Atomwaffen; es handelt sich um die USA, die UdSSR, Großbritannien, Frankreich und die Volksrepublik China.

Die USA besitzen mehr als 30.000 Atomwaffen mit einer Gesamtsprengkraft von 25.000 Megatonnen. Zur Veranschaulichung folgendes: 5 Atombomben von der Stärke der Hiroshima-Bombe ergeben 1 Megatonne, d. h. 1 Million Tonnen TNT.

Rußland verfügt über mehr als 15.000 Atomwaffen mit einer Gesamtsprengkraft von 12.000 Megatonnen.

Es gibt verschiedene Arten von Atomwaffen: A-Bomben und H-Bomben für Fernbombenflugzeuge und für den Naheinsatz; Atomsprengköpfe für Fernraketen zu Lande und zu Wasser; Sprengköpfe für Abfangraketen.

Auf dem Schlachtfeld: Atomgranaten für die Artillerie,

für Sprengladungen, Raketenwerfer und taktische Fernlenkgeschosse.

In den kommenden Jahren

Immer neue Atomwaffen werden entwickelt. Sieben andere Länder könnten, wenn sie wollten, ebenfalls binnen kurzer Zeit Atomwaffen herstellen, und zwar Indien, Japan, Kanada, die Schweiz, die Bundesrepublik Deutschland, Schweden und Israel.

Die friedliche Nutzung der Atomenergie macht so große Fortschritte, daß im Jahre 1980 Zivilreaktoren in 40 Ländern genügend Plutonium als Nebenprodukt abwerfen werden, um damit 5000 A-Bomben herstellen zu können. Selbst wenn man nur 1 Prozent des anfallenden Plutoniums verwenden würde, ergäbe das immer noch einige Dutzend Atombomben pro Jahr.

Heute kommt es also darauf an, die kleinen Nationen zum Verzicht auf alle Atomwaffen zu bewegen, und die Atomkraft ausschließlich in friedlicher Weise zu nutzen" (nach *„U.S. NEWS & WORLD REPORT"*).

Moskau ist von einem engmaschigen Raketenabwehrgürtel umgeben.

In den letzten Jahren haben die Sowjets in der Entwicklung von Fernlenkwaffen große Fortschritte gemacht. Manche glauben sogar, daß sie mittlerweile die USA überrundet haben.

Im Jahr 1962 besaßen die Russen nur 50 Interkontinentalraketen, die USA 233. Heute verfügen die Russen über 1.400 sofort einsatzbereite interkontinentale Fernraketen, die USA haben es auf 1054 gebracht.

Nun beschäftigt man sich in den USA eingehend damit, wie das Land einen Atomgroßangriff überleben könnte.

Ein weiteres Problem für beide Großmächte besteht

darin, zu verhindern, daß Atomwaffen in die Hände von Verbrechern oder Terroristen gelangen.

Der Machtkampf wird weitergehen, ja, er wird immer verwickelter werden, je mehr Nationen ihre eigenen Atomwaffen entwickeln. Ein Ende ist nicht abzusehen. Wie ein Damoklesschwert hängt die Atombedrohung über der Welt.

Bedrohung durch Waffen in Privathand

Vor einigen Jahren konnten die Amerikaner feststellen, wie schwierig eine Waffenzählung durchzuführen ist.

Amerika gleicht einem Waffenlager. Die Amerikaner besitzen heute zwischen 50 und 200 Millionen Pistolen, Revolver, Flinten und Gewehre. Dazu kommen noch ungezählte Maschinengewehre, Mörser und Panzerabwehrkanonen. In jedem Jahr werden rund 3 Millionen Stück an Waffen von privater Hand neu erworben.

Man betrachte nur die Anzeige, die kürzlich Nachbildungen der Derringer-Pistole anbot. Sie pries die Waffe als ein prima Modell „mit dem schon zwei Präsidenten, Abraham Lincoln und William McKinley, erschossen wurden" an. Ist das nicht bezeichnend für das herrschende Klima?

Eine andere Zeitschrift bot „eine Maschinenpistole zum Vatertag" an.

Ein anderes Inserat lautete: „20-mm-Panzerabwehrkanone für 400 DM – ideal für Weitschüsse auf Rotwild oder Bären, auch für den Beschuß von Autos und Lastwagen gut geeignet. Sogar Panzer können Sie abknallen, falls Sie das Glück haben, daß Ihnen einer in die Quere kommt."

Man spricht davon, daß es in Los Angeles mehr Gewehre gibt als in Saigon – etwa 3 Millionen.

In Massachusetts haben 1.100 Waffenhändler im vergangenen Jahr genug Waffen verkauft, um ein 56.000 Mann starkes Heer damit auszurüsten.

Der Bürgermeister einer Stadt in Michigan forderte kürzlich seine Bürger auf: „Bewaffnet euch und lernt schießen!" Das Ergebnis war, daß fast 500 Frauen regelmäßig an Schießübungen teilnahmen.

Und was ist das Ergebnis des freien Waffenverkaufs?

Seit der Jahrhundertwende wurden fast 800.000 Bürger in den USA durch in Privatbesitz befindliche Waffen getötet. In derselben Zeit fielen 630.768 Amerikaner in den verschiedenen Kriegen des 20. Jahrhunderts.

1967 kamen 20.000 Menschen durch Schießereien ums Leben, 100.000 wurden verletzt.

Nur 10 Länder übertreffen diesen traurigen Rekord, und zwar durchweg lateinamerikanische Staaten, in denen die Gewalttätigkeit zum täglichen Leben gehört.

Zerrüttete Familien

Ein Sprichwort lautet: „Die Liebe beginnt zu Hause". Die zerrütteten Ehen sprechen allerdings eine andere Sprache.

Die Ehescheidungsziffern steigen ständig an, ebenso die Zahl der Kinder, die ohne Vaterliebe aufwachsen müssen. Die Scheidungsziffer je 1000 verheiratete Frauen über 15 Jahren ist, mit zwei Unterbrechungen, seit 1958 in ständigem Steigen begriffen. Im vergangenen Jahr wurden in den USA 680.000 Ehen gerichtlich geschieden. Das sind mehr als in jedem früheren Jahr, mit Ausnahme von 1946. Damals lag die Ziffer der Scheidungen auf Grund des durch die Kriegsjahre verursachten Rückstandes noch höher.

1966 gab es über 2,2 Millionen geschiedener Frauen in den USA. Es wird außerdem geschätzt, daß 8,4 Prozent aller Geburten unehelich sind. In den meisten Fällen ist diese Situation noch mit Armut gepaart.

Registereintragungen zeigen, daß 3 von 5 Kindern, die ohne Vater aufwachsen, aus ärmlichen Familienverhältnissen stammen.

Ein Jugendrichter sagte: „Das ist ein Symptom unserer Zeit. Die Schnellebigkeit unserer Zeit bringt eine hohe Scheidungsziffer mit sich, weil die Eheleute heute so vielen Einflüssen ausgesetzt sind."

Wenn man aus vergangenen Erfahrungen schließen kann, werden wir in den kommenden Jahren noch manches an Gewalttätigkeit und Gesetzlosigkeit erleben.

Ob es also der Hungertod, die immer fortschrittlicheren Kriegswaffen oder die sich schnell ändernde Gesellschaft mit ihren negativen Begleiterscheinungen ist, all diese Wesenszüge gehören zur zivilisierten Grausamkeit, die heute auf der Menschheit lastet.

Wir sind derart immun gegen die vielen Berichte über Greueltaten in aller Welt geworden, daß ein einzelnes Leben nur noch wenig Bedeutung für uns hat. Wir messen den Erfolg im Krieg nur noch an den Berichten über die Todesrate.

Diese Form der zivilisierten Grausamkeit ist ein weiteres Zeichen für die Nähe der letzten Tage.

4

ZERSTÖRENDE MACHT

Der Vizepräsident der Vereinigten Staaten soll in Scranton, einer Stadt im Bundesstaat Pennsylvanien, eine Rede halten. Er besteigt einen Hubschrauber, der ihn zum Washingtoner Flughafen bringt. Dort steht bereits seine private Düsenmaschine, die einen Wert von 12 Millionen DM besitzt, startbereit. Ein paar Minuten später befindet sich das Flugzeug schon auf dem Kurs nach Scranton.

Bei der Ankunft stellt der Vizepräsident fest, daß er seinen Smoking vergessen hat. Das Düsenflugzeug im Werte von 12 Millionen DM startet sofort zum Rückflug nach Washington. Dort nimmt man den Smoking in Empfang und fliegt wiederum nach Scranton.

Das eben geschilderte Manöver kostete den amerikanischen Steuerzahler 2.600 DM und soll als kleines Beispiel dafür dienen, was sich ein Staatsmann alles erlauben kann.

Noch mehr Macht als der Vizepräsident besitzt der Präsident selbst. Das Präsidentenamt der USA ist wohl das mit der größten Machtbefugnis ausgestattete Amt der Welt.

Kein Amerikaner zweifelt an der persönlichen Lauterkeit seiner bisherigen Präsidenten. Zweifellos setzten sie sich ganz für das ein, was sie als das Beste für ihr Land zu erkennen glaubten. Andererseits sind auch Präsidenten Menschen und nicht fehlerlos.

Der Unterschied liegt aber darin, daß sich ihr Leben ganz im öffentlichen Rampenlicht abspielt und die ganze

Welt sofort erfährt, wenn sie einen Irrtum begehen (was bei uns nicht der Fall ist).

Vielleicht ist kein Mensch in der Welt so sehr ständigem Druck ausgesetzt und hat so viele Entscheidungen zu treffen, die sich auf Millionen von Menschen auswirken, wie der Präsident der USA. Unbeabsichtigt kann aus seinen Entscheidungen viel Leid und manches Problem erwachsen. Aber jeder andere in seiner Lage würde ebenfalls unselige Entscheidungen treffen.

Nun kann man die Frage stellen, was wohl einen Menschen dazu treibt, all seine Energien und Mittel einzusetzen, und jahrelang darum zu kämpfen, Präsident zu werden? Es gibt doch viele andere Möglichkeiten, zahlreiche andere lohnende Betätigungsfelder, die auch noch Zeit für persönliche Interessen und die Familie lassen. In der Tat ist es so, daß jeder Präsident am Ende seiner Amtszeit froh ist, sein Amt abgeben und in sein Privatleben zurückkehren zu können.

Wenn das stimmt, dann bleibt nur noch ein Hauptgrund übrig, weshalb ein Politiker alles für das Amt aufs Spiel setzt, das ihm Jahre der Unrast bringen wird und ihn vielleicht körperlich und geistig an den Rand des Zusammenbruchs führt. Bei genauer Prüfung kommt man wohl zu der Erkenntnis, daß das Streben nach Macht und der Wunsch nach Anerkennung die Triebfedern sein müssen, die so viele dazu drängt, sich um das mächtigste Amt der Welt zu bewerben.

Die kommunistischen Führer der Sowjetunion üben zwar auch Macht aus, ihr Amt steht jedoch auf schwachen Füßen. Ein einziger grober Fehler führt manchmal zu ihrer Liquidierung, auf jeden Fall aber zu ihrer Absetzung.

Ganz anders ist das beim Präsidenten der USA. Ist er einmal gewählt, kann er 4 Jahre lang fast unumschränkt die Staatsgeschäfte führen. Möchte er für eine zweite

Amtszeit kandidieren, so fällt es ihm im allgemeinen nicht allzu schwer, die Wahlen wieder zu gewinnen.

Wachsende Macht des Staatsoberhaupts

In den letzten Jahren ist die Machtfülle des Präsidenten ständig gestiegen, die Befugnisse der Repräsentanten des Abgeordnetenhauses haben dagegen ständig abgenommen.

Mit diesen Ausführungen soll gezeigt werden, wie einfach es ein Präsident hätte, seine wachsende Macht zum Schaden der Bürger auszunutzen, ja einen Polizeistaat zu schaffen, der, so ironisch es klingen mag, sogar die Billigung der Mehrheit des Volkes hätte.

Nehmen wir ein Beispiel aus der unmittelbaren Vergangenheit. Es soll deutlich machen, wie leicht es auch in einem demokratisch regierten Staat geschehen kann, daß ein einzelner mit fast unumschränkter Gewalt ausgestattet wird.

Im Jahre 1964 war das Schiff Maddox angeblich im Golf von Tonking von Nordvietnamesen angegriffen worden. Der Kongreß handelte schnell und übertrug dem Präsidenten die Vollmacht, alle verfügbaren Mittel einzusetzen, um die militärische Schlagkraft der USA zu wahren. Damit war eine fast unumschränkte Entscheidungsgewalt auf einen einzigen Mann übergegangen. Er konnte nun den Krieg beginnen und nach und nach eine halbe Million Mann in ein fremdes Land in den Kampf schicken.

Neuere Untersuchungen bezweifeln die Richtigkeit der damaligen Entscheidung des Kongresses. Auch ist man sich nicht mehr so sicher, ob die Situation im Golf von Tonking wirklich so kritisch war, wie sie damals erschien. Ob die Entscheidung von damals berechtigt war oder nicht, soll hier nicht zur Diskussion stehen. Der Unparteiische muß aber doch zugeben, daß durch Entscheidungen solcher

Art ein einziger Mann eine Machtfülle erlangen kann, die nicht ihresgleichen in der Welt hat.

Schon in naher Zukunft könnten sich ähnliche Vollmachten in den Händen des falschen Führers als eine Kraft auswirken, die zerstörend wirkt.

Wir möchten nur einige Bereiche der Macht näher betrachten und werden dabei feststellen, daß die „letzten Tage" ihre Schatten vorauswerfen.

Das Wettrüsten und die Macht

In unserer Zeit ruft man nach starken Führern und verlangt eine immer stärkere militärische Schlagkraft der Armeen. Beide Forderungen sind im Grunde aus dem Bedürfnis nach Schutz und straffer Führung geboren. Die heutige Politik läßt sich von dem Gedanken leiten, der beste Weg zur Abrüstung sei die Aufrüstung. Es ist anerkannte Meinung, daß ein Land über eine größere Schlagkraft verfügen müsse als sein potentieller Gegner, um von einer Position der Stärke aus über Abrüstungsprobleme verhandeln zu können. Man glaubt, ein übermächtiges Amerika könne die Sowjetunion zur Abrüstung zwingen. Die Geschichte hat jedoch gelehrt, daß diese Theorie der Praxis nicht standhält. Denn als die Amerikaner vor etlichen Jahren die Waffenübermacht besaßen - damals nämlich, als sie allein im Besitz der A-Bombe waren - rüsteten weder die Russen noch die Amerikaner ab; im Gegenteil, die Sowjets taten alles, um so schnell wie möglich die Lücke in ihrem Verteidigungssystem zu schließen.

Schon zur Zeit Chruschtschows sprachen Wissenschaftler von einer „Bombe des Weltuntergangs". Diese, mit einem Elektronengehirn ausgestattete Waffe ist in der Lage, die Überlebenden in einem Atomkrieg zu vernichten, selbst wenn in dem angegriffenen Land niemand mehr sein sollte, der sie auslösen könnte. Alles geschieht automatisch.

Der Präsident der Vereinigten Staaten sieht sich heute vor Problemen, die im Vergleich zu den Aufgaben, die einst Lincoln oder Washington zu bewältigen hatten, riesengroß sind. Denn noch nie in der Geschichte ging es so sehr um Leben oder Tod. Eine einzige Fehlentscheidung kann buchstäblich die ganze Welt ins Chaos stürzen. Und trotzdem setzen alle vier Jahre viele führende Männer Amerikas alles aufs Spiel, um in dieses Amt zu gelangen.

Die schleichende Inflation

Alle wichtigen Entscheidungen in bezug auf den Staatshaushalt sowie die Haushaltsausgaben sind letztlich dem Präsidenten vorbehalten. Jeder von ihnen möchte natürlich einmal als der Mann in die Geschichte eingehen, der die Armut im Lande erfolgreich besiegt und Amerika zu einem Idealstaat gemacht hat.

Trotz aller modernen Sozialfürsorge findet sich jedoch noch viel Armut, und es kostet immer mehr, die Situation zu bessern.

Der Staat finanziert bekanntlich seine Ausgaben aus Steuergeldern; aber zu keiner Zeit waren die Steuern so hoch wie heute. Sie steigen weit schneller als die Löhne. 1970 bezahlte der Arbeitnehmer in den USA ein Drittel mehr Einkommenssteuer als 1966. Wenn die heutige Inflationsrate von 6 Prozent in den kommenden dreißig Jahren nicht sinkt, wird der amerikanische Arbeitnehmer, der z. B. heute ein Jahreseinkommen von 36.000 DM hat, im Jahre 2000 unbedingt 206.766 DM verdienen müssen, um einen vergleichsweisen Lebensstandard zu erhalten. Ein Korb Lebensmittel, der heute 70 DM kostet, wird ihn im Jahre 2000 die runde Summe von 400 DM kosten.

Der Präsident führt zur Zeit zwei Kriege: den einen in Vietnam gegen die Kommunisten, den anderen im eigenen Land wider die Armut. Das zeigt sich natürlich unübersehbar im ständig steigenden Staatshaushalt. Hinzu kommt die schleichende Inflation, mit der im übrigen alle westlichen Länder mehr oder weniger zu kämpfen haben.

In unserer Zeit des Wohlstands kann sich der Leser vielleicht nur schlecht vorstellen, daß ein demokratisches Land wie die USA in eine Diktatur getrieben werden könnte, wie sie in den prophetischen Büchern der Bibel geschildert wird.

Betrachten wir jedoch in diesem Zusammenhang einmal kurz, was in Deutschland nach dem Ersten Weltkrieg geschah.

Die Staatskasse war leer, der Staatshaushalt unausgeglichen. Man lebte in einer Zeit der Inflation. Ende 1919 kostete ein Dollar etwa 48 Papiermark. Innerhalb von vier Jahren sank ihr Wert so weit, daß man im November 1923 4 200 Milliarden Papiermark zahlen mußte, um einen Dollar zu erhalten.

Die Zeitschrift „Reader's Digest" berichtet: „Der deutsche Mittelstand hatte seine gesamten Ersparnisse verloren. Renten und Pensionen waren wertlos geworden. Jede Sicherheit war dahin. So war der Nährboden für das Kommen eines Demagogen vorbereitet, der der Bitterkeit des Volkes lautstark Ausdruck verlieh. In diesem Falle hieß er Adolf Hitler."

Lenin hat ganz richtig gesagt: „Der sicherste Weg zur Überwindung einer bestimmten sozialen Ordnung besteht darin, ihre Währung zugrunde zu richten."

Vor einiger Zeit stellten ausländische Bank- und Geschäftskreise, die über die Stabilität des US-Dollars beunruhigt waren, an die Regierung der USA die Forderung, ihren Zahlungsverpflichtungen in Gold statt in Dollar nachzukommen. In einem Monat war ein Zwölftel der gesamten amerikanischen Goldreserven geschwunden. Das führte zur verstärkten Forderung der Wirtschaftler nach einer Weltwährung.

Das Ansteigen der Steuern und Ausgaben

Der Trend der steigenden Steuern ist unaufhaltsam. Heute wird mehr Geld ausgegeben als früher. Die Einkommen steigen, die Bedürfnisse wachsen und in ihrem Gefolge auch die Steuern. Steigende Steuern wiederum schüren die Unzufriedenheit der Steuerzahler. Andererseits kommt der Staat nicht darum herum, für bessere Wohnverhältnisse zu sorgen, die Armut zu bekämpfen, und dem einzelnen ein Mindesteinkommen zu garantieren.

In einigen Jahren wird es in den USA soweit sein, daß man zur Einführung der negativen Steuer schreitet: Dadurch wird jeder Familie ein Mindestgehalt von etwa 12.600 DM garantiert. Ob der einzelne nun eine Arbeitsleistung erbringt oder nicht, ist dabei unwesentlich. Der Vorschlag fand bereits großen Anklang bei Geschäftsleuten, Finanzleuten und hochgestellten Regierungsbeamten.

Vielleicht liegt die größte Bedrohung der Demokratie in ihrem schleichenden Verfall. Nicht von heute auf morgen, sondern ganz allmählich, Schritt für Schritt, sehen wir die Grundsätze der Demokratie dahinschwinden und den Marxismus-Kommunismus Fuß gewinnen.

In erster Linie hängt es natürlich vom Präsidenten ab, welchen Weg die Entwicklung nehmen wird. Es würde jedoch seiner Beliebtheit sehr schaden, sich einem garantierten Mindesteinkommen zu widersetzen oder gegen die riesigen Ausgaben zu protestieren, die erforderlich sind, um viele Millionen Menschen in Regierungsstellen zu beschäftigen. Kein Wunder, daß der letzte Präsident froh war, als er aus seinem hohen Amt ausscheiden und ins Privatleben zurückkehren konnte.

Aus einem Zeitungsartikel ging hervor, daß sich die Schulden der USA 1968 auf 5,7 Billionen DM beliefen. Das waren 28.800 DM pro Kopf der Bevölkerung. Die privaten und öffentlichen Schulden stiegen allein in einem Jahr um 374,4 Milliarden DM.

Vielleicht überrascht es den Leser zu erfahren, daß die amerikanische Regierung im letzten Jahr 900 Milliarden DM an Steuern aller Art einnahm, also doppelt soviel wie vor zehn Jahren. Zur Veranschaulichung, in welchem Maße die Staatsausgaben gewachsen sind, folgendes: Es dauerte 60 Jahre, von 1789 bis 1848, d. h. die gesamte Regierungszeit der ersten 11 amerikanischen Präsidenten zusammengenommen, bis die Summe von 1 Milliarde Dollar erreicht war! Heute gibt die US-Regierung diese Summe in *weniger als zwei Tagen* aus.

Aber trotz dieser Rekordeinnahmen an Steuergeldern hat die Regierung in den vergangenen Jahren sehr wenig für den Bau von Straßen, Brücken, Schulen und Erholungszentren sowie für die Schaffung ausreichender Polizei- und Feuerwehrstationen getan. Auch die Projekte für die Trinkwasserversorgung und Kanalisierung sind zu kurz gekommen.

Bereits im Juli 1968 verkündete das Finanzministerium, daß das vorangehende Etatsjahr das größte Defizit seit dem Zweiten Weltkrieg aufwies: 91,4 Milliarden DM.

Früher besaßen die USA einmal einen Überfluß an Gold; in den letzten beiden Jahrzehnten schwanden jedoch die Goldreserven um mehr als die Hälfte.

Seit 1945 haben die USA mehr als 654 Milliarden Mark an Wirtschaftshilfe und Krediten für andere Länder ausgegeben. 129 Milliarden sind nicht mehr in die Kassen zurückgeflossen. Die Staatsschulden haben mittlerweile die Summe von 1,350 Milliarden DM erreicht. Alle übrigen Staaten der Welt zusammen haben nur 1.098 Milliarden DM an Schulden. Sollte dieser Trend anhalten, dann wird den USA vielleicht nichts anderes übrig bleiben, als Anschluß an die EWG zu suchen.

Daß einmal Nationen aus wirtschaftlichen Gründen dazu gezwungen sein werden, enge Bündnisse einzugehen, liegt ganz auf der Linie der endzeitlichen biblischen Prophetie. Auch der kommende europäische Bundesstaat wird seine Entstehung in erster Linie wirtschaftlichen Gründen verdanken.

Was der Vietnamkrieg pro Tag kostet

Für Benzin, Nachschublinien u. ä.	86 Mio. DM
Für Kugeln, Bomben und Granaten	64,8 Mio. DM
Für Besoldung und Unterhalt der Soldaten	64,8 Mio. DM
Für neue Ausrüstung und Ersatzteile	36 Mio. DM
Für Neuanschaffung von Flugzeugen	18 Mio. DM
Für den Bau militärischer Anlagen in Vietnam	3,6 Mio. DM
Für Entwicklung neuer Spezialausrüstung für Vietnam	3,6 Mio. DM
Gesamt pro Tag:	276,8 Mio. DM
Gesamt pro Jahr:	101 Mrd. DM

Anschaulich gesagt heißt das: Während wir uns eine kurze Kaffeepause gönnen, geben die Amerikaner über 1,8 Millionen DM für ihren Vietnamkrieg aus. Soviel nämlich kosten 10 Minuten dieses Krieges. Statistisch gesprochen braucht man 100.000 Kugeln, um einen einzigen Vietkong außer Gefecht zu setzen, d. h. 25.200 DM. Im Zweiten Weltkrieg waren nur 20.000 Kugeln nötig, um einen Feind kampfunfähig zu machen. Seit Beginn des Vietnamkrieges haben die Amerikaner 4.100 Helikopter mit einem Wert von über 3,6 Milliarden Mark verloren.

Optimisten glauben, daß nach Beendigung des Krieges in Südostasien große Geldsummen für friedliche Zwecke frei würden. Weit gefehlt! Man wird dann Milliarden benötigen, um die während des Krieges zu kurz gekommenen Rüstungszweige vorwärtszutreiben.

Joseph W. Barr, Unterstaatssekretär im Finanzministerium stellte fest: „Ich bezweifle ernsthaft, daß es möglich sein wird, das Verteidigungsbudget in absehbarer Zukunft in nennenswertem Umfang herabzusetzen." Barr wies darauf hin, daß nach Kriegsende die Notwendigkeit bestehe, die Rüstung wieder auf den neuesten Stand zu bringen, also mehr Panzer, mehr Schiffe, mehr Flugzeuge zu bauen und die inzwischen veralteten Waffen und Materialien durch moderne zu ersetzen, um mit den Russen Schritt halten zu können.

Das Ende des Vietnamkriegs sowie jedes etwa folgenden Konflikts wird also höchstens eine gewisse Verschnaufpause bis zur nächsten Krise bescheren.

Die Regierung als größter Arbeitgeber

Der Präsident der Vereinigten Staaten besitzt die zweifelhafte Ehre, für eine Lohnliste verantwortlich zeichnen zu müssen, die, gelinde gesagt, astronomische Zahlen aufweist.

1955 betrug die Zahl der zivilen Regierungsangestellten 2.376.290. Dafür mußte der Staat an Gehältern die Summe von 34.635.600.000 DM aufbringen. Im Etatsjahr 1968 hatte sich die Zahl der staatlichen Angestellten bereits auf 2.947.720 erhöht (580.430 mehr als 13 Jahre zuvor). Die Gesamtausgaben für die Besoldung betrug im Jahre 1968 79.730.000.000 DM. Das waren 46.094.400.000 DM mehr als im Jahre 1955.

Die Regierung ist der größte Arbeitgeber in den Vereinigten Staaten.

Was wir damit sagen wollen, ist folgendes: Noch nie in der Geschichte wurden von einem Präsidenten so viele und weitreichende Entscheidungen verlangt wie heute. Das komplizierte und stete Wachstum der USA erfordert immer mehr Geldmittel und folglich immer höhere Steuern.

Manche mögen bezweifeln, ob es ratsam ist, in gewisse Zweige der Wirtschaft Geld zu investieren, oder ob wirklich ein solches Riesenheer von Regierungsangestellten erforderlich ist. Aber es ist nicht Sinn unserer Ausführungen, dafür oder dagegen Partei zu ergreifen. Wir möchten lediglich herausstellen, daß sich jeder amerikanische Präsident zwangsläufig vor immer folgenschwerere Entscheidungen gestellt sieht. Es bleibt ihm einfach nichts anderes übrig, als so oder so Stellung zu beziehen und damit vielleicht die Entwicklung für Jahrzehnte festzulegen.

Unsere Welt wird immer kleiner. Die wirtschaftlichen und politischen Verflechtungen der Staaten werden immer enger. Kein Wunder also, daß auch die USA durch ihre Politik, gewollt oder ungewollt, zum Welteinheitsstaat beitragen.

Aus dem Wunsch nach engerer Verflechtung mit anderen Staaten haben die amerikanschen Steuerzahler von 1945 bis heute die Regierung ermächtigt, die Summe von 654 Milliarden DM an freier Wirtschaftshilfe bzw. Krediten zu gewähren. Das reicht von der relativ kleinen Summe von 1.080.000 DM für die Tongainseln über 4.079.880.000 DM für die Vereinigte Arabische Republik und 3.976.100.000 für Israel bis zu der runden Summe von 16.000.000.000 DM für Vietnam. Die USA unterstützen ferner aktiv die Weltbank zusammen mit 108 Ländern.

Gegenwärtig hat die Weltbank 44 Kredite in einer Gesamthöhe von 3.049.200.000 DM an 31 Länder gewährt.

Aus dem prophetischen Blickwinkel heraus betrachtet, war übrigens die Schaffung einer Weltbank ein weiterer Schritt auf das Ende hin.

Die Macht des Polizeistaates

Oben sprachen wir davon, daß die Steuer- und Finanzkontrolle der Vereinigten Staaten letztlich dem Präsidenten obliegt. Er kann also die Staatsausgaben erhöhen, neue Regierungsstellen schaffen, die Steuern erhöhen und auf die Währungsstabilität Einfluß nehmen.

Aber auch sonst hat der Präsident viele Möglichkeiten, direkt oder indirekt allergrößten Einfluß auszuüben, z. B. durch Amtvergebung an bestimmte Persönlichkeiten, deren Praktiken, Methoden und Verfahren sich später vorteilhaft oder nachteilig für die USA auswirken können, und indirekt dadurch, daß er zu gewissen Trends und Ereignissen keine Stellung bezieht, bzw. nicht richtungweisend eingreift.

Über den Einmarsch der Russen und ihrer Alliierten in die Tschechoslowakei herrschte überall in der Welt, auch in den USA, helle Empörung. Hier zeigte sich Tyrannei und Diktatur in ihrer brutalsten Form.

Daß sich einige Tage später in Chicago Dinge abspielten, die ebenfalls an einen Polizeistaat denken ließen, wenn auch auf andere Weise, dürfte vielen Amerikanern allerdings nicht zum Bewußtsein gekommen sein.

Tschechoslowakischer Student, auf sowjetischem Panzer stehend, schwingt die Nationalflagge. 500.000 Mann der Warschauer Paktstaaten besetzten das kleine Land. Die übrige Welt sah tatenlos zu.

Blicken wir einen Augenblick zurück. Lenin hat einmal gesagt, zu seinem Plan, Amerika für den Kommunismus zu gewinnen, gehöre es, für ein Klima zu sorgen, daß „die Amerikaner so verderbt und dekadent werden müßten, daß sie sich einer Übernahme durch die Kommunisten nicht mehr widersetzen würden."

Vor einiger Zeit ergangene Erlasse des Obersten Gerichtshofs begünstigen nun auch die Pornoindustrie, die daraufhin bereits im vergangenen Jahr einen Rekordumsatz von 7,2 Milliarden DM für sich verbuchen konnte.

1919 brachten die Kommunisten eine Anleitung heraus unter dem Titel: Wie schafft man ein für Revolutionen günstiges Klima? Darin heißt es fast seherisch: „Verderbt die Jugend, macht sie der Religion abspenstig, interessiert sie für Sex, macht sie oberflächlich, macht sie weich!"

Während Amerika Gott nur noch Lippendienste darbringt, hat der Oberste Gerichtshof, der der Pornographie Tür und Tor öffnete, nun auch das öffentliche Gebet und die Bibellesung aus amerikanischen öffentlichen Schulen verbannt.

Diese Saat kam in Chicago zum Tragen, und die Folgen waren schockierend.

Wir wollen hier nicht für oder wider Demonstranten bzw. Polizeiaktionen Stellung nehmen, sondern einige Beobachtungen anstellen.

Nach dem Einmarsch der Russen in die CSSR bestand eine ihrer ersten Aktionen darin, den Radiosender „Stimme Amerikas" zu stören. Als die Truppen dann festen Fuß gefaßt hatten, wurden Schritte gegen die US-Journalisten unternommen, die angeblich „entstellte" Nachrichten über die Vorgänge ins Ausland verbreitet hätten. Die Nachrichtenzensur wurde verhängt.

Mit zu den ersten Maßnahmen eines jeden Polizeistaates gehört die strenge Kontrolle aller Nachrichten-

Demonstrant geht protestierend gegen vor dem Hilton-Hotel in Chicago postierte Nationalgardisten an, wo der Parteikongreß der Demokraten tagt.

medien und die Aufhebung der Nachrichtenfreiheit. Sorgfältig ausgearbeitete und zensierte Dokumente werden der Öffentlichkeit übergeben, die alles im Sinne der Regierung darstellen.

Auch während des Chicagoer Parteikonvents der Demokraten waren die Journalisten ständigen Behinderungen und Willküraktionen durch die Polizei ausgesetzt. Die Stadt glich mehr einem Heerlager als dem Tagungsort einer demokratischen Partei.

Ob all diese Maßnahmen vonnöten waren, bleibe dem Urteil der Leser überlassen. Was hier festgestellt werden soll, ist, daß es in unseren Tagen durch die allgemeine Situation im Lande zu einer solchen Demonstration der Polizeimacht kommen konnte.

David Brinkley vom Sender NBC kommentierte die Lage: „Im demokratischen Lager wünscht man offensichtlich nicht, daß über die Beratungen des Konvents etwas an die Öffentlichkeit gelangt."

Besonders die Journalisten dienten der Polizei als Zielscheibe ihrer Schikanen. Es hieß, sie zögen unliebsame Elemente an. Am ersten Abend des Konvents wurden zwanzig Journalisten geschlagen, und drei mußten sich einer ärztlichen Behandlung unterziehen.

Als ein Reporter der „Chicago Daily News" gegenüber Polizisten dagegen protestierte, daß sie drei Mädchen mit Gummiknüppeln traktiert hatten, wurde auch er brutal geschlagen, so daß er eine Platzwunde am Kopf erhielt.

Ein Kameramann, der einen Zusammenstoß zwischen Polizei und Bevölkerung filmen wollte, wurde von hinten mit dem Knüppel zusammengeschlagen. Ein weiterer Kameramann, der diesen Vorgang aufnahm, wurde ins Gesicht geschlagen und zu Boden gerissen.

Während nun die ganze Nation die Vorgänge am Fernsehen verfolgte, wurde der Reporter Dan Rather von zwei Sicherheitsbeamten zusammengeschlagen. Einer versetzte ihm einen Hieb in den Magen, der andere schlug ihm ins Kreuz. Sein Kollege Mike Wallace erhielt einen Kinnhaken und wurde gewaltsam aus dem Saal entfernt.

Die Behandlung der Zeitungsleute war so schmählich, daß acht führende Zeitungsgewerkschaftler telegraphisch beim Bürgermeister von Chicago energischen Protest einlegten.

In einer Zeit der sozialen Ordnung und des Fortschritts glich Chicago eher einem Hexenkessel. Ein vierzehntägiger Streik der Telegraphenarbeiter sowie der meisten Taxivereinigungen hatte sein übriges getan, um das Chaos zu vervollständigen.

Da für den Parteikonvent von vornherein Unruhen befürchtet worden waren, ließ Bürgermeister Daley seine 11.900 Mann starke Polizei in 12-Stunden-Schichten Dienst tun, außerdem berief er 5.000 Mann der Nationalgarde von Illinois ein und ließ 6.500 Mann der Bundestruppen einfliegen. Mehr als 23.000 bewaffnete Männer waren zu allem bereit.

Der Versammlungssaal selbst wimmelte von Sicherheitsbeamten und Polizisten. Die Szene war so merkwürdig, daß einer der Demonstranten ein Plakat mit der Inschrift „Willkommen in Prag!" zeigte.

23.000 Polizisten standen etwa 10.000 Demonstranten gegenüber.

Das Sicherheitsnetz war so eng gezogen, daß sich die Abgeordneten des Parteitages auf zweierlei Weise auszuweisen hatten. Einmal mußte jeder eine Erkennungsmarke aus Plastik am Hals tragen. Sie mußte am Eingang in einen Kontrollautomaten eingegeben werden, der zur Prüfung ihrer Echtheit diente. War alles in Ordnung, leuchtete ein grünes Licht auf; wenn nicht, erschien ein rotes Warnsignal,und eine Alarmanlage wurde ausgelöst.

Lassen diese Methoden nicht stark an die Schilderung in Offenbarung 13,16-17 denken, wo es heißt: „Weiter bringt er (der falsche Prophet) alle, die Kleinen wie die Großen, die Reichen wie die Armen, die Freien wie die Sklaven, dazu, sich ein Malzeichen an ihrer rechten Hand oder an ihrer Stirn anzubringen, und niemand soll etwas kaufen oder verkaufen dürfen, der nicht das Malzeichen an sich trägt . . ."

Das Schockierende war, daß selbst die über 30 offiziell zugelassenen Journalisten, Fotografen und Kameraleute von der Polizei angegriffen wurden und zum Teil ihrer Kameras, Filme und Tonbänder beraubt wurden.

Während es einem der Delegierten nicht einmal gestattet wurde, seine „New York Times", die er für eine Rede benötigte, durch die Kontrolle zu bringen, wurden scharenweise parteifreundliche Arbeiter durch eine Seitentür eingelassen und erhielten Zutritt zur Galerie, der dem allgemeinen Publikum verwehrt wurde. Dort agierten sie als lautstarke Stimmenkulisse.

Es ist selbstverständlich, daß in einem Land Gesetz und Ordnung herrschen sollen; andererseits sollte man sich bei der Aufrechterhaltung der öffentlichen Ordnung aber auch der vom Gesetz vorgeschriebenen Mittel bedienen. Es gibt viele Augenzeugen, die bestätigen, daß im geschilderten Falle blind vom Schlagstock Gebrauch gemacht wurde.

Es ist Aufgabe der Polizei, Ruhe und Ordnung zu bewahren und einzuschreiten, wenn ein Gesetz des Staates verletzt wird. Es ist aber nicht die Aufgabe der Polizei, als Richter und Geschworene aufzutreten. Genau aber das geschah, als sie ohne zwingenden Grund wahllos vom Schlagstock Gebrauch machte, ohne sich an ihre Vorschriften zu halten. Außerdem gibt es keine Entschuldigung dafür, mit Gummiknüppeln die Köpfe der Opfer zu traktieren. Denn jeder Arzt kann bestätigen, daß diese Behandlung zu nicht wiedergutzumachenden Schäden führt. Dennoch wurden nicht nur Schuldige, sondern auch Unbeteiligte mit Schlagstöcken angegriffen. Der demokratische Parteikonvent stellte den Amerikanern sichtbar zwei Tatsachen vor Augen:

1. Die Rücksichtslosigkeit der Polizei, die ihre Befugnisse weit überschritt,
2. Die erstmals in der Geschichte der Vereinigten Staaten geübte völlige Nachrichtenunterdrückung.

Es überrascht, daß bei einer Umfrage mehr als 72 Prozent der Befragten für das Gebaren der Polizei eine Entschuldigung fanden; man schien überhaupt nicht zu bemerken, auf welchem gefährlichen Kurs sich das Land befindet. Sollte die Entwicklung so weitergehen wie bisher, werden sich die braven Bürger eines Tages in einem Polizeistaat wiederfinden, den sie ja eigentlich gar nicht wollten.

Der Konvent der Demokraten in Chicago wird einmal in der Geschichte kein gutes Zeugnis erhalten.

Es ist für die Demokratie der USA äußerst wichtig, daß Recht und Ordnung aufrechterhalten werden. Ferner müssen die heimtückischen kommunistischen Revolutionäre, die einen Teil der Jugend hinter sich gelockt haben, unter Kontrolle gebracht werden. Sonst wird in Amerika dereinst die Anarchie ausbrechen.

Man darf aber auch nicht in das andere Extrem verfallen und Polizeiaktionen gutheißen, die eindeutig gegen das Gesetz verstoßen.

Kurze Zeit nach dem Chicagoer Parteikonvent kommentierte der Justizminister die Lage: „Die ungesetzliche Anwendung von Gewalt durch die gesetzlichen Hüter der Ordnung ist äußerst gefährlich, denn wer soll für den Schutz der Öffentlichkeit sorgen, wenn sogar die Polizei die Gesetze verletzt."

Auf der einen Seite wünscht man Gesetz und Ordnung, selbst auf Kosten unserer persönlichen Freiheit; auf der anderen Seite läßt man die Jugend dazu verführen, Moral und Gottesglauben fahren zu lassen. Angeblich sucht man nach neuen Wegen, hat aber konkret nichts anderes anzubieten als Dekadenz und Verfall.

Zeitalter der Gesetzlosigkeit

Nie zuvor war eine Zeit so sehr durch Widerstand und Revolution gegen alles Bestehende gekennzeichnet wie die unsrige. Man ist weithin unruhig geworden, unzufrieden mit der bestehenden Ordnung und erhofft sich alles von einem gewaltsamen Umsturz und Wandel.

In 2. Thessalonicher 2,7-12 werden uns die heutigen Zustände prophetisch geschildert: „Freilich – im geheimen ist die Macht der Gesetzlosigkeit bereits wirksam; nur muß erst der aus dem Weg geräumt werden, der sie bis jetzt noch zurückhält; dann erst wird der Gesetzlose offen hervortreten, den der Herr Jesus aber durch den Hauch seines Mundes wegraffen und durch den Eintritt seiner Ankunft vernichten wird, ihn, dessen Auftreten sich als Wirksamkeit des Satans kundgibt durch alle möglichen Machttaten, Zeichen und Wunder der Lüge und durch jede Art von Trug der Ungerechtigkeit und trügerischen Verführung für die, die deshalb verloren gehen, weil sie die Liebe zur Wahrheit sich nicht zu eigen gemacht haben, um ihre Rettung zu erlangen. Aus diesem Grund sendet ihnen Gott einen starken Irrwahn, damit sie der Lüge Glauben schenken; denn alle sollen dem Gericht verfallen, die nicht der Wahrheit Glauben geschenkt, sondern Wohlgefallen an der Ungerechtigkeit gefunden haben."

Das falschverstandene Streben nach Durchsetzung von Gesetz und Ordnung führt dann zu solch verabscheuungs-

Demonstrantin wird wegen Mißachtung der Polizeistunde von der Polizei gewaltsam aus dem Sperrbezirk gebracht.

würdigen Vorfällen wie kürzlich auf einer Wahlversammlung, auf der ein Präsidentschaftskandidat im Zusammenhang mit Demonstrationen die anwesende Menge zu Beifallsstürmen hinriß: „... sollte es ein Demonstrant wagen, sich vor mein Auto zu legen, um es zu blockieren, so wird dies das letzte Auto sein, vor das er sich gelegt hat."

Wer für diese Art von Machtausübung eintritt, erkennt oft nicht die Gefahren, und daß er vielleicht einmal selber mit dieser Macht konfrontiert und seiner Freiheit beraubt werden wird.

Welche Leute in Amerika heute hinter den Kulissen am Werk sind, zeigt auch die Äußerung eines ehemaligen Sträflings und heutigen „Informationsministers" der Bewegung „Black Panther" (Schwarzer Panther). Während eines Arbeitsessens äußerte er sich vor 15 Anwälten wie folgt: „Amerika ist bankrott! Der ganze Regierungsapparat, dieses kapitalistische System mit seinen Organen und Einrichtungen gehört auf den Schutthaufen der Geschichte. Ich gebe keinen Heller mehr dafür. Wir sind dazu berufen, ihm den Garaus zu machen." Dieser Mann kandidierte übrigens 1968 als Präsidentschaftskandidat der Freiheits- und Friedenspartei und ist das Idol weiter Kreise, die den Radikalismus auf ihr Panier geschrieben haben.

Kritische Entscheidungen

Der Präsident der Vereinigten Staaten ist heute der mächtigste Mann aller Zeiten. Er weiß aber auch um die Gefahren der Macht.

Er weiß, daß ein Atomkrieg heute die ganze Menschheit in kurzer Zeit auszulöschen vermag.

Er kennt die Gefahren, die der Welt aus Rotchina drohen, das heute bereits selbst Atombomben herstellt und wohl auch in der Lage ist, sie im Krieg einzusetzen.

Er weiß, daß Rußland heute in der Lage wäre, 300 km vor der amerikanischen Westküste eine Wasserstoffbombe unter Wasser zur Zündung zu bringen, die eine 275 m hohe Flutwelle verursachen würde, welche sich mindestens 1600 km weit ins Landesinnere ergießen würde, um Tod und Verderben zu bringen.

Er kennt die Gefahren, die durch mit Atomraketen bestückte Satelliten entstanden sind. Die Raketen können von der Erde aus gezündet und über jedem Zielgebiet zum Einsatz gebracht werden. Ein ganzes Volk könnte so durch Knopfdruck ausgelöscht werden.

Er weiß, daß durch den Vietnamkrieg, der der Erhaltung des Friedens dienen sollte, bereits über 50 000 Amerikaner ums Leben kamen und weitere 300 000 verwundet wurden. Dazu kommen die hohen Kosten dieses Krieges, der bisher 410 Milliarden Mark verschlungen hat und jeden Monat weitere 7,2 Milliarden erfordert.

Es ist ihm auch bewußt, daß die verwickelten Probleme der Armut, des Rassenhasses, der Durchsetzung der staatlichen Autorität usw. ihn vor unüberwindliche Schwierigkeiten stellen.

Er weiß, daß der Staatshaushalt immer höhere Ausgaben verlangt und die Wirtschaft des Landes immer mehr in die roten Zahlen hineingerät.

Der Präsident weiß, daß er allen alles sein soll.

Im Jahre 284 n. Chr. gelangte das Römische Reich unter die Herrschaft des Kaisers Diokletian. Er hatte eine steile Karriere hinter sich: zunächst als Statthalter von Moesien, später als Konsul, schließlich als Befehlshaber der Palastgarde. Aus Sorge für eine bessere Verwaltung und wohl auch in der Absicht, das Risiko eines vorzeitigen, gewaltsamen Todes zu verringern, teilte er seine Macht über das riesige Reich auf.

Er ernannte einen Mitregenten sowie zwei Unterregenten. Nach zwanzigjähriger Regierungszeit war er des Herrschens müde geworden, und im 21. Regierungsjahr dankte er ab. Das Volk war durch einige seiner Edikte unruhig und unzufrieden geworden.

Sein Mitregent Maximian, der nichts als die Macht kannte, wollte ihn von seinem Rücktritt abhalten und ersuchte ihn, im Amt zu bleiben. Die Antwort, die ihm der Kaiser gab, zeigt, daß auch damals das Regieren alles andere als ein Vergnügen war. Mitleidig wies er die Versuchung zurück und empfahl Maximian, sich einmal seinen mit eigener Hand angelegten Gemüsegarten in Salona anzusehen; dann würde er ihn bestimmt nicht mehr dazu überreden wollen, seine stille Beschaulichkeit gegen die Macht einzutauschen. Nach zwanzigjähriger Regierungszeit sei er zu der Auffassung gelangt, daß die schwierigste Kunst das Regieren sei. Er wolle lieber in Ruhe und Abgeschiedenheit seine Tage beschließen, als noch einmal römischer Kaiser zu sein.

So sprach ein Mann, der lange Jahre das damals mächtigste Amt in der Welt innegehabt hatte. Jahrelang hatte er die hohe Stellung angestrebt, als er jedoch die Macht geschmeckt hatte, sehnte er sich nach einem ruhigen, ungezwungenen Leben.

Im letzten Präsidentschaftswahlkampf gaben die Kandidaten insgesamt 180 Millionen DM für ihre Kandidatur aus. Was bewegt einen Menschen dazu, seine gesamten persönlichen Mittel einzusetzen, um Präsident zu werden?

Die Antwort läßt sich in zwei Worten geben: Macht und Anerkennung.

Ein bekannter Philosoph schrieb einmal: Jedermann möchte gern Gott sein, wenn es möglich wäre; einige finden es schwierig, zuzugeben, daß es unmöglich ist."

Tacitus hat geschrieben: „Machtgier ist die brennendste aller Leidenschaften."

Archimedes, der noch nichts von Wasserstoffbomben und der Machtfülle der amerikanischen Präsidenten wußte, schrieb vor langer Zeit die seherischen Worte: „Gebt mir einen Hebel, der lang genug ist und eine Hebelstütze, die stark genug ist - dann bewege ich euch mit einer Hand die Erde."

1770 stellte der britische Staatsmann William Pitt fest: „Unbeschränkte Macht korrumpiert."

Die Verfassung der Vereinigten Staaten war einst so festgelegt worden, daß die Macht in den Händen einer vom Volk gewählten parlamentarischen Regierung lag. Heute geht die Entwicklung aufgrund des immer komplizierteren Wachstums dahin, immer größere Machtbefugnisse auf *einen* Mann zu übertragen. Früher oder später kann eine derartige Machtkonzentration in einer Hand zur *zerstörenden Macht* werden.

5

MILLIONEN MENSCHEN VERSCHWINDEN

Einmal wird der Tag kommen, an dem plötzlich und ohne unmittelbare Vorzeichen Millionen Menschen von der Erde verschwinden werden. Wie wird das geschehen?

In den bisherigen Kapiteln haben wir uns mit Ereignissen und Erscheinungen unserer Zeit beschäftigt, die in irgendeiner Weise einen Bezug zu den kommenden Geschehnissen haben.

Sicher fiel es dem Leser leicht, das bisher Geschilderte zu verstehen, denn es spielte und spielt sich ja sozusagen vor unser aller Augen ab.

Im folgenden werden wir jedoch auf Geschehnisse eingehen, die noch in der Zukunft liegen, und daher nicht einfach zu begreifen sind, besonders für solche, die Jesus Christus nicht als ihren persönlichen Herrn kennen, die also auch nicht durch den Geist Jesu, den Heiligen Geist, in das Verständnis dieser Fragen eingeführt worden sind. Mancher wird daher versucht sein, das Ganze als Gebilde der Phantasie abzutun.

Niemand weiß genau, *wann* jene Ereignisse Wirklichkeit werden. Der Verfasser ist jedoch der Ansicht, daß das bisher Berichtete eindeutig auf die vorgerückte Stunde an Gottes Weltenuhr hinweist.

Fassen wir noch einmal kurz zusammen, worin wir Zeichen der Endzeit sehen: 1. In der steigenden Kriminalität und allgemeinen Mißachtung der Gesetze; 2. in der Pornowelle; 3. in dem Trend zur Welteinheitskirche; 4. in der Umweltverschmutzung mit ihren Gefahren; 5. in der Bevölkerungsexplosion; 6. in der wachsenden Nahrungsmittelknappheit und der Hungersnöte in ihrem Gefolge; 7. in den Erdbeben und Seuchen; 8. in den phantastischen Massenvernichtungswaffen; 9. im Verfall der Familien und den steigenden Scheidungsziffern; 10. in dem schwelenden Konflikt im Nahen Osten mit der ständigen Kriegsgefahr durch Einmischung der beiden großen Machtblöcke.

An dieser Stelle muß nochmals eindeutig gesagt werden: Zum Verständnis der prophetischen Schriften der Bibel ist eine lebendige Beziehung zu Jesus Christus (Glaube) erforderlich. Nur dann ist es einem Realität, daß es sich bei der Bibel wirklich um das *Wort Gottes* handelt. Daraus folgt das Überzeugtsein von der völligen Verlorenheit und Verdorbenheit des Menschen. Nur die persönliche Annahme der Heilstat Jesu Christi, des Sohnes Gottes, auf Golgatha, das heißt, Jesu Übernahme der Strafe, die eigentlich wir verdient hätten, kann uns retten vor dem ewigen Zorn Gottes. Die Annahme, alle Religionen böten eine Art Heilsweg zum gleichen himmlischen Ziel, ist falsch. Sie steht im direkten Widerspruch zu dem Ausspruch Jesu: „Ich bin *der* Weg und *die* Wahrheit und *das* Leben; niemand kommt zum Vater außer durch mich" (Joh. 14, 6).

Selbst Christen und auch Theologen scheinen nicht zu verstehen, was hier ausgesagt werden soll, oder aber sie möchten sich einen Glauben nach eigenem Geschmack schaffen. So führt mancher seine ihm anvertraute Herde in die Irre.

Viele glauben heute nicht mehr an die sündenvergebende Kraft des Blutes Christi. Sie glauben weder an eine ewige Belohnung im Himmel, noch an die ewige Höllenstrafe. Sie leugnen auch die Wiederkunft Christi. Ihrer Meinung nach hat sich der Mensch hier auf Erden seinen

Himmel selbst zu schaffen; man hofft, die Zustände in der Welt würden sich in dem Maße bessern, als die Menschheit aus ihrer Gleichgültigkeit erwache und ihre Verantwortung für den Mitmenschen erkenne und wahrnehme.

Der Apostel Paulus hatte diesen Zustand vor Augen, als er den Christen in Korinth schrieb:

„Wir aber haben nicht den Geist der Welt empfangen, sondern den Geist, der aus Gott ist, um das zu erkennen, was uns von Gott aus Gnaden geschenkt ist" (1. Kor. 2, 12).

Es ist also klar, daß einer, der Christus nicht als seinen persönlichen Herrn und Retter erkannt hat, unmöglich die Dinge in der Bibel recht verstehen kann, die mit dem zweiten Kommen Christi zu tun haben. Die Tatsache, daß jemand gebildet ist, bedeutet nicht automatisch, daß er auch über die Fähigkeit verfügt, geistliche Dinge zu verstehen. Oft ist geradezu das Gegenteil der Fall.

Die Bibel spricht davon, daß es in den letzten Tagen Menschen geben wird, die immerfort lernen wollen und dennoch niemals zur wirklichen Erkenntnis der Wahrheit gelangen können.

In 1. Korinther 2, 14 heißt es: „Der seelische (natürliche) Mensch aber nimmt nichts an, was vom Geist Gottes kommt, denn es gilt ihm als Torheit, und er ist nicht imstande, es zu verstehen, weil es geistlich beurteilt werden muß."

Vielleicht sind Sie ganz diesseitig eingestellt und skeptisch; vielleicht zählt für Sie nur das Leben hier auf Erden. Der große Mathematiker Blaise Pascal, der im 17. Jahrhundert lebte, wurde einmal von einem Zweifler gefragt, warum er an das ewige Leben glaube: Er antwortete etwa folgendes: Angenommen, ich irre mich, und es gibt kein Leben nach dem Tode – dann habe ich nichts verloren. Angenommen, ich habe recht, und es gibt ein Weiterleben nach dem Tod – dann habe ich alles gewonnen.

Aber der Plan Gottes mit den Menschen ist keine unbestimmte Sache, die nur auf Ideen oder Theorien beruht. Es ist ein genau feststehender Plan. Teile davon haben sich bereits verwirklicht; der Rest harrt der Erfüllung. An Hand der prophetischen Stellen der Bibel können wir klar feststellen, was bereits erfüllt ist, und was noch aussteht. Gottes Plan erfordert jedoch den Glauben unsererseits. Leider ist es so, daß vielen zwar das Glauben in den praktischen Bereichen des Lebens nicht schwer fällt, wohl dagegen im geistlichen Bereich.

In jedem Jahr fahren Millionen Urlauber mit dem Wagen in die Ferien und verlassen sich dabei in gutem Glauben auf die Angaben in ihren Autokarten, um sicher ans Ziel zu gelangen. Sie wissen, ihre Karte zeigt ihnen die günstigste Fahrtverbindung genau an.

Andererseits tun sich viele mit dem Bibellesen schwer. Sie wollen nicht glauben, daß Gott uns im Alten Testament Dinge aufgezeichnet hat, die bereits in Erfüllung gegangen sind. Manches erfüllte sich bereits zur Zeit des alten Bundes, vieles andere zur Zeit Jesu; manches davon ist heute einwandfrei historisch nachzuweisen. * Außerdem ist sowohl im Alten, als auch im Neuen Testament von Dingen die Rede, die erst mit dem Zweiten Kommen Christi, der großen Trübsalszeit und dem Tausendjährigen Reich in Erfüllung gehen werden.

Es gibt mehr als dreihundert Stellen im Alten und Neuen Testament, die von der Wiederkunft Christi sprechen. Diese Verheißungen werden genau so buchstäblich in Erfüllung gehen, wie die 200 alttestamentlichen Prophezeiungen, die vom ersten Erscheinen Jesu in der Welt handeln, wie z. B. Ankündigung der Geburt des Messias

* Vgl. hierzu Lindsey/Carlson: Alter Planet Erde wohin? Im Vorfeld des Dritten Weltkriegs. Wetzlar 1971.

durch eine Jungfrau, seines Todes, seiner Auferstehung.

Wir wollen hier keine theologischen Überlegungen über die prophetischen Aussprüche des Alten Testaments anstellen, sondern nur aufzeigen, was geschehen wird, wenn plötzlich Millionen gläubiger Christen von der Erde hinweggenommen werden. Dieses Ereignis heißt Entrückung.

„Denn der Herr selbst wird, sobald sein Weckruf ergeht, sobald die Stimme des Engelfürsten erschallt und die Posaune Gottes ertönt, vom Himmel herabkommen, und die Toten in Christus werden zuerst auferstehen. Darauf werden wir, die wir noch leben und übriggeblieben sind, mit ihnen auf Wolken dem Herrn entgegen in die Luft entrückt werden, und alsdann werden wir allezeit mit dem Herrn vereinigt sein" (1. Thess. 4, 16-17).

Betrachten wir kurz im Zusammenhang, was geschehen wird. Anschließend werden wir dann die einzelnen Phasen des Geschehens gesondert behandeln.

Wie in den Tagen Noahs

Lesen wir, was Christus über die letzten Tage gesagt hat: „Denn wie es einst mit den Tagen Noahs gewesen ist, so wird es auch mit der Wiederkunft des Menschensohnes sein. Denn wie sie es in den Tagen vor der Sintflut gehalten haben, sie aßen und tranken, sie heirateten und verheirateten bis zu dem Tage, als Noah in die Arche ging, und wie sie nichts merkten, bis die Sintflut kam und alle hinwegraffte, ebenso wird es auch mit der Zeit der Wiederkunft des Menschensohnes sein" (Matth. 24, 37-39).

Wie waren die Zustände auf der Erde zur Zeit Noahs? Das erste Buch Mose, Kapitel 6, Vers 5, gibt uns darüber Auskunft: „Und der Herr sah, daß die Bosheit der Menschen groß war auf der Erde und alles Sinnen und Trachten ihres Herzens immerfort nur böse war."

Das erstaunlichste Photo des 20. Jahrhunderts! Fredi C. Everman betrachtet nach gelungener Herztransplantation sein eigenes altes Herz. Everman: „Es ist unheimlich. Der Gewebezustand meiner Haut ist nicht einmal mehr derselbe. Es ist so, als berührte ich Sonne, Mond und Sterne zur gleichen Zeit . . . Ich fühle mich wie ein ganz anderer." Der Mensch kann zwar jetzt ein neues Herz einpflanzen . . . aber nur Christus kann ein neues, ewiges Leben schenken.

Gott war über den Lebenswandel der damaligen Menschheit so sehr erzürnt, daß er zu Noah sprach: „Das Ende aller lebenden Geschöpfe ist bei mir beschlossen, denn die Erde ist durch ihre Schuld voll von Gewalttat. Darum will ich sie mitsamt der Erde verderben" (1. Mose 6, 13).

Man kann sich leicht vorstellen, wie Noah von seinen Zeitgenossen mit Spott überhäuft wurde, als er von der kommenden Flut sprach und auf dem trockenen Land damit begann, seine Arche zu bauen, die ihm und seiner Familie als Zuflucht dienen sollte.

War eine Flut solchen Ausmaßes nicht unvorstellbar? Noah mußte den Verstand verloren haben. Kopfschüttelnd ging jeder weiter seinen Geschäften nach.

Und dann war es soweit. Das Wasser begrub innerhalb von 40 Tagen alles Lebendige unter sich. Nur Noah und die Seinen, die der Warnung Gottes geglaubt hatten, wurden gerettet. Der Herr schloß sogar noch einen Bund mit ihm, indem er die Verheißung aussprach, die Welt werde nie mehr durch Wasser vernichtet werden. Als Zeichen setzte er den Regenbogen. Er sollte in Zukunft alles Lebendige an dieses Versprechen Gottes erinnern und ein Zeichen seiner Treue sein.

Heißt das nun, daß Gott in Zukunft von jeder Züchtigung der Erde absehen wird? Die Sünden der Menschen lassen das leider nicht zu. Der Herr wird die Welt zwar nicht mehr durch Wasser strafen, wohl aber mit Hilfe anderer Mittel, wie aus vielen Stellen der Bibel hervorgeht.

Stellen wir doch einmal einen Vergleich an zwischen „den Tagen Noahs" und unserer Zeit. Es zeigt sich immer mehr, daß wir in einer materialistischen Welt leben, wo man das eitle Vergnügen und den materiellen Wohlstand über alles setzt, das geistliche Wohlergehen der eigenen Person oder gar seiner Mitmenschen aber für gering achtet.

Wie in den Tagen Noahs

Zeit Noahs	Kommen des Herrn
Große Bosheit auf Erden	Böse Menschen und Betrüger treiben es immer ärger (2. Tim. 3, 13)
Viele unheilige Ehen	Sie heiraten und verheiraten (Matth. 24, 38)
Viele hochberühmte Männer	Hochmut allenthalben (Jes. 2, 11)
Die Welt ahnt das kommende Unheil nicht	Wie ein Fallstrick wird jener Tag über alle kommen, die auf Erden wohnen (Luk. 21, 35)
Die ganze Erde verderbt	Schlemmerei und Trunkenheit (Luk. 21, 34)
Noah und die Seinen gehen in die rettende Arche	Die Heiligen werden entrückt und entrinnen der Trübsalszeit (1. Thess. 4, 17; Dan. 12, 1; Off. 12, 5)
Noah entsteigt nach der Flut der gelandeten Arche	Die Heiligen kehren nach der Trübsalszeit mit Christus zur Erde zurück (Sach. 14, 5)

Wachsender Materialismus

Der große Nahrungsmittelkonzern „General Foods" warb für sein neuentwickeltes Hundefutter „Futterkrippe" mit einem 30-Sekunden-Werbefilm, der die runde Summe von 126 000 DM kostete, also jede Sekunde 5 200 DM. Der nicht allzu sinnreiche Text des Werbespots lautete: „Mit 'Futterkrippe' fühlt sich Ihr Hund wie Rin Tin Tin."

Sicher ist die Werbung nicht für unsere Zeiten verantwortlich zu machen. Sie geht ja nur auf das ein, was die Leute sehen und hören wollen. Wir im Westen leben eben in einer Zeit des Materialismus und des Luxus. Ist es nicht ein krasser Widerspruch, daß wir auf der einen Seite - von der Werbung aufgefordert - immer mehr Geld für unsere Haustiere ausgeben, auf der anderen Seite aber so wenig übrig haben für unsere hungernden Mitmenschen in der dritten Welt. Unsere moderne Zeit scheint uns irgendwie gefühllos und gleichgültig zu machen für den Bruder und sein leibliches und geistiges Geschick.

Die Zustände in der Welt sind heute so wirr und undurchsichtig, daß es schon einer sehr starken Hand bedarf, um Ordnung in das Chaos zu bringen. Der Christ harrt voll Hoffnung auf die Wiederkunft seines Herrn, der seiner Überzeugung nach allein alle Probleme lösen wird.

Das zweite Kommen Christi, die Hoffnung der Seinen

„Seht, ich sage euch ein Geheimnis: Wir werden nicht alle entschlafen, wohl aber werden wir alle verwandelt werden, und zwar im Nu, in einem Augenblick, beim letzten Posaunenstoß; denn die Posaune wird erschallen, und sofort werden die Toten in Unvergänglichkeit auferweckt werden, und wir werden verwandelt werden" (1. Kor. 15, 51-52).

In der Bibel wird oft von Geheimnissen gesprochen. Ein Geheimnis ist eine bisher verborgene Wahrheit, die nun in der Schrift geoffenbart wird. Dabei bleibt der übernatürliche Charakter der Wahrheit erhalten.

Die ganze Fülle des Gotteswortes wird uns erst nach der Entrückung enthüllt werden. Deshalb hat sich dieses Buch auf das bereits heute klar Erkennbare zu beschränken.

Dazu gehört die Verheißung Christi, daß er wiederkommen wird, um die Seinen (alle, die an ihn glauben und ihn als ihren Erlöser und Herrn angenommen haben) zu sich zu nehmen.

„In meines Vaters Haus sind viele Wohnungen. Wenn es nicht so wäre, hätte ich es euch gesagt; denn ich gehe hin, um euch eine Stätte zu bereiten; und wenn ich hingegangen bin und euch eine Stätte bereitet habe, komme ich wieder und werde euch zu mir nehmen, damit da, wo ich bin, auch ihr seid" (Joh. 14, 2-3).

Die Skizze auf Seite 133 zeigt, daß die eigentlichen endzeitlichen Ereignisse mit der Entrückung ihren Anfang nehmen. Die im Glauben an Christus Verstorbenen werden zuerst auferstehen, die noch Lebenden werden mit ihnen entrückt werden. Siehe 1. Thess. 4, 16-17. Andere biblische Ausdrücke für „entrückt" sind: „auferstehen, hingerückt werden, unsere Versammlung zu ihm, unseres Leibes Erlösung".

Im folgenden wollen wir nun die Zeichen betrachten, die nach den Worten Christi mit Sicherheit auf die Nähe der Endzeit hindeuten.

Falsche Christusse

Ein sehr wichtiges Kapitel in unserem Zusammenhang ist Markus 13, 5-6. Christus hatte sich auf dem Ölberg niedergelassen, und seine Jünger fragten ihn, als sie für sich allein waren: „Sage uns doch, wann wird dies geschehen, und welches ist das Zeichen dafür, wann dies alles in Erfüllung gehen wird?"

„Da begann Jesus zu ihnen zu sagen: 'Seht euch vor, daß niemand euch irreführt!

Viele werden kommen unter meinem Namen und sagen: Ich bin es (Christus oder der Messias) und werden viele irreführen.'"

Heute gibt es viele falsche Messiasse und Propheten. Viele Religionsgemeinschaften und Sekten werben intensiv um die Gunst ihrer Mitglieder. Neue Sekten schießen wie Pilze aus dem Boden, und alle finden eine Anhängerschaft. Oft scheint es, daß das Interesse um so größer ist, je verworrener die Anschauungen der Sektengründer sind.

Auch die von vielen Kirchenführern geforderte Welteinheitskirche wird zum Instrument falscher Propheten werden, von denen Christus im Vers 6 spricht.

Kürzlich tagte in den USA die „Konferenz zur Vereinigung der Kirchen". Die Delegierten sprachen sich für eine Beschleunigung der Einheitsbestrebungen aus und verabschiedeten einen Plan, der vorsieht, daß die 10 Konfessionen, die vertreten sind, bis 1972 zu einer einzigen Kirche vereinigt werden. Von diesem Beschluß sind 25 Millionen Kirchenglieder betroffen. Die Verschmelzung soll so weit gehen, daß das gesamte Kirchenvermögen zusammengelegt wird, außerdem ist geplant, alle bisherigen Kirchenleitungen aufzulösen und eine gemeinsame zentrale Führungsspitze zu schaffen. Man hofft, dieses Ziel zu erreichen.

Es begann im Jahre 1962, als sich 4 Kirchengemeinschaften mit dem Ziel zusammenschlossen, auf eine Vereinigung hinzuwirken. Mittlerweile hat sich die Mitgliedschaft auf 10 Denominationen erhöht: Dazu gehören die Episkopalkirche, die Methodisten, die Vereinigte Kirche Christi, die Vereinigten Presbyterianer, die Jünger Christi, die Evangelikalen Vereinigten Brüder und viele andere.

Was bedeutet das nun? Die neue Superkirche wird etwa 40 Prozent aller Protestanten Amerikas umfassen. Bald werden noch weitere Konfessionen hinzukommen.

Ein Ziel der Einheitskirche besteht darin, mit dem Vatikan Verhandlungen über eine Wiedervereinigung aufzunehmen.

Ein alter Mann aus dem Nordiran hält die Leiche eines beim Erdbeben ums Leben gekommenen Kindes auf dem Arm. Das Opfer war bei Aufräumungsarbeiten von Arbeitern entdeckt worden. „... und werden sein ... Erdbeben hin und wieder. Da wird sich allererst die Not anheben" (Matth. 24,7-8).

Wir sehen, wie das Bild allmählich klare Formen annimmt. *Eine* Kirche, *ein* gemeinsamer Markt, *eine* Regierung für die ganze Welt. Was noch vor 20 Jahren als unmöglich galt, verwirklicht sich vor unseren Augen mit immer rascheren Schritten.

Die kommende Welteinheitskirche wird die Bibel nach ihrem Gutdünken auslegen; sie wird Neuübersetzungen der Heiligen Schrift herausgeben, in denen die klaren Heilsaussagem und Verheißungen des Gottesworts verschleiert werden. In der Bibel heißt diese kommende Weltkirche „Kirche von Laodizea". Sie wird weder kalt noch warm sein, sondern versuchen, es allen recht zu machen.

In Offenbarung 3, 15-17 lesen wir: „Ich kenne deine Werke, daß du weder kalt noch heiß bist. O daß du kalt oder heiß wärest!

So aber, weil du lau bist und weder heiß noch kalt, will ich dich aus meinem Munde ausspeien. Weil du sagst: 'Ich bin reich. Ja, reich bin ich geworden und habe an nichts Mangel', und weil du nicht weißt, daß gerade du elend und erbarmenswert, arm, blind und nackt bist."

Kriege, Erdbeben, Hungersnöte

Ein weiteres Zeichen für die baldige Wiederkunft Christi sind die Hungersnöte, Erdbeben und Kriege.

In Lukas 21, 9 spricht Jesus Christus von kommenden Kriegen und Aufständen und mahnt seine Jünger, sich dadurch nicht erschrecken zu lassen, denn diese Dinge müßten zuerst kommen, seien aber noch nicht das Ende. In den Versen 10 und 11 heißt es dann: „Ein Volk wird sich gegen das andere erheben und ein Reich gegen das andere; gewaltige Erdbeben werden stattfinden und hier und da Hungersnöte und Seuchen; auch schreckhafte Erscheinungen und große Zeichen vom Himmel her werden folgen."

An anderer Stelle haben wir bereits über Kriege, Hungersnöte und die Gefahren eines explosiven Anwachsens der Erdbevölkerung gesprochen. Wie steht es nun mit der Erdbebengefahr?

Das schlimme Erdbeben, das 1968 den Iran heimsuchte, hat uns wieder einmal den ganzen Schrecken derartiger Naturkatastrophen vor Augen geführt und außerdem gezeigt, wie hilflos der Mensch den Naturgewalten ausgesetzt ist.

In unserem Jahrhundert sind allein eine Million Menschen durch Erdbeben sowie durch in deren Gefolge auftretende Überschwemmungen, Brände und Hungersnöte ums Leben gekommen. Allein der Iran hatte im vergangenen Jahrzehnt mehr als 50 000 Todesopfer durch drei Erdbeben zu beklagen.

Die Wissenschaftler vertreten in der Hauptsache zwei Theorien über die Ursachen von Erdbeben. Die eine Annahme besagt, daß sich die Erde immer noch in einem Prozeß der Abkühlung befindet, die andere erklärt, daß sich die Erde ausdehne. Beide Theorien scheinen sich jedoch darin einig zu sein, daß in einer Tiefe von 350 km die dünne Erdkruste einem ständigen Druck von 1000 Tonnen pro 6,54 cm^2 ausgesetzt ist. Die meisten Erdbeben werden in zwei Zonen registriert. Die eine Zone erstreckt sich von Neuseeland über die Philippinen und Japan nach Alaska und dann südlich zur Pazifikküste Amerikas. Die zweite Zone reicht von Marokko über Griechenland, den Iran, entlang der indischen Seite des Himalayagebirges südlich nach Java.

Das schlimmste bekannte Erdbeben ereignete sich im Januar 1556 in China und forderte 830 000 Menschenleben. Weitere verheerende Erdbeben in unserem Jahrhundert: 1923 Japan mit 150 000 Toten und über 8,5 Milliarden DM

Schaden; 1930 Chile mit 20 000 Toten; 1939 die Türkei mit 30 000 Toten.

Eine der ersten Erdbebenschilderungen in der Bibel haben wir in 1. Könige 19, 11-12 vor uns. Von einem weiteren Erdbeben ist in Sacharja 14, 5 die Rede. Auch bei der Kreuzigung Christi erbebte die Erde. (Matth. 27, 52). Die sieben Posaunenplagen in der Offenbarung des Johannes werden ebenfalls von einem Erdbeben eingeleitet. Naturkatastrophen dieser Art sollen uns daran erinnern, daß Gott allein der Herr ist, und der Mensch armselig und hilflos den Naturgewalten gegenübersteht.

In Lukas 21, 25-28 lesen wir über die dem Kommen des Herrn vorausgehenden Katastrophen:

„Dann werden Zeichen an Sonne, Mond und Sternen in Erscheinung treten, und auf der Erde wird Verzweiflung der Völker in ratloser Angst beim Brausen des Meeres und seines Wogenschwalls herrschen, indem Menschen den Geist aufgeben vor Furcht und in banger Erwartung der Dinge, die über den Erdkreis kommen werden; denn die Kräfte des Himmels werden in Erschütterung geraten.

Und hierauf wird man den Menschensohn in einer Wolke kommen sehen mit großer Macht und Herrlichkeit.

Wenn dies nun zu geschehen beginnt, dann richtet euch auf und hebt eure Häupter empor, denn der Tag eurer Erlösung naht."

Im Jahre 1970 ereigneten sich zwei der größten Katastrophen, die die Welt je erlebt hat: Das Erdbeben von Peru, bei dem schätzungsweise 50 000 Menschen ums Leben kamen und 2. die Flutkatastrophe in Ostpakistan, die nach Schätzungen von Kennern etwa 1 000 000 Menschenleben forderte!

Niemals zuvor hatte der Mensch eine solche Herrschaft über die Kräfte der Natur, die es ihm, griffe Gott nicht ein, erlauben würde, seine ganze Rasse zu vernichten. In

Rettungsarbeiter aus dem iranischen Ort Kakhk trauern um ihre bei einer Erdbebenkatastrophe ums Leben gekommenen Mitbürger. Von 7000 Einwohnern waren 6000 getötet worden. Ein Zeuge berichtete: „Ich sah in den letzten Tagen so viele zermalmte Opfer und hörte so viele Klagen, daß ich weder essen noch schlafen kann.“

Matthäus 24, 21-22 heißt es im Hinblick auf diese Situation: „Denn es wird alsdann eine schlimme Drangsal eintreten, wie noch keine seit Anfang der Welt bis jetzt dagewesen ist, und wie auch keine wiederkommen wird; und wenn jene Tage nicht verkürzt würden, so würde kein Fleisch gerettet werden; aber um der Auserwählten willen werden jene Tage verkürzt werden."

Hier sagt uns Christus, daß, würden jene Tage nicht verkürzt, der Mensch seine schöpferische Macht dazu mißbrauchen würde, die ganze Zivilisation auszulöschen.

Dasselbe wird noch einmal in Lukas 21, 28 zusammengefaßt: „Wenn dies nun zu geschehen beginnt, richtet euch auf und hebt eure Häupter empor, denn eure Erlösung naht."

Auch in früheren Zeiten gab es Katastrophen aller Art; immer schon stellten Kriege, Hungersnöte, Seuchen, Erdbeben usw. eine Bedrohung für die Menschheit dar, noch nie aber in der Geschichte traten alle diese Plagen gleichzeitig und in einem derart bedrohlichen Ausmaß auf wie heute. Darum sind die Worte Christi in Lukas 21, 28 gerade für unsere Zeit so bedeutsam. Wir ersehen daraus, wie nahe diese Tage schon sind.

In 1. Thess. 4, 15-17 wird die Reihenfolge der einzelnen Phasen der Entrückung dargelegt:

1. Der Herr selbst wird vom Himmel herabkommen.
2. Sein Weckruf wird ergehen.
3. Die Stimme des Engelfürsten wird erschallen.
4. Der Engel wird in die Posaune stoßen.
5. Zuerst werden die im Glauben Verstorbenen auferstehen.
6. Die noch lebenden Gläubigen werden mit den Auferweckten vereinigt werden.
7. Zusammen werden sie Christus entgegen in die Luft entrückt werden.

8. Sie werden für immer mit dem Herrn vereinigt bleiben.

Von diesem Ereignis werden also nur die gläubigen Christen betroffen sein; die Ungläubigen werden zurückbleiben. Die nicht erretteten Toten verbleiben in der unsichtbaren Welt und werden erst tausend Jahre später auferweckt. In der Zwischenzeit werden sie ständiger Qual ausgesetzt sein. Die lebenden Ungläubigen bleiben auf der Erde zurück und werden dort den Zorn Gottes erfahren.

Diese Aussagen der Schrift werden wir in einem der folgenden Kapitel noch näher behandeln.

Manchem Leser fällt es vielleicht schwer, an die Wiederkunft Christi und die Entrückung zu glauben. In Apostelgeschichte 1, 11 heißt es jedoch: „... Ihr Männer von Galiläa, was steht ihr da und blickt zum Himmel empor? Dieser Jesus, der aus eurer Mitte in den Himmel emporgehoben wurde, wird in derselben Weise kommen, wie ihr ihn in den Himmel habt auffahren sehen!"

Die Jünger hatten sich mit Jesus auf den Ölberg begeben, und er war dort vor ihren Augen in den Himmel emporgehoben worden.

Erläuternd steht in Joh. 14, 2-3: „In meines Vaters Hause sind viele Wohnungen; wenn es nicht so wäre, hätte ich es euch gesagt; denn ich gehe hin, um euch eine Stätte zu bereiten; und wenn ich hingegangen bin und euch eine Stätte bereitet habe, komme ich wieder und werde euch zu mir nehmen, damit da, wo ich bin, auch ihr seid."

Wie wird sich das zweite Kommen Christi vollziehen?

Die Entrückung ist ein freudiges Ereignis und steht in engstem Zusammenhang mit dem zweiten Kommen Christi. Zu unterscheiden hiervon ist die zweite Phase seiner Wiederkunft, die zeitlich nach der Trübsalszeit liegt.

Die Wiederkunft Christi läßt sich also in zwei Hauptphasen unterteilen. Die erste Phase liegt vor der Trübsal und ist mit der Entrückung der Gläubigen verbunden; die zweite Phase vollzieht sich am Ende der Trübsalszeit. Dann wird Christus noch einmal erscheinen, um den Antichristen zu vernichten, und die Bosheit auf Erden zu bestrafen.

Sollte es sich dereinst herausstellen, daß Sie, lieber Leser, sich nach der Entrückung noch auf der Erde befinden, dann kann Ihnen dieses Buch einen wichtigen Dienst leisten, denn es wird Ihnen genau zeigen, was an Leiden und Prüfungen dann auf Sie zukommen wird. Es zeigt Ihnen aber auch einen Weg, wie Sie aus allen Bedrängnissen siegreich hervorgehen und das ewige Leben erlangen können.

Lesen Sie dann die Bibel, und bewahren Sie sie an einem sicheren Ort auf, wo ihrer niemand habhaft werden kann, denn sie wird dann Ihr wertvollster Besitz sein, Ihr Schlüssel zum Himmelreich. Die Entrückung wird nämlich nicht nur Gläubige von Ungläubigen trennen, sondern es wird eine Trennung sein zwischen Mann und Frau, Bruder und Schwester, Freund und Freund.

Es mag sein, daß Sie von einem Augenblick zum anderen entdecken, daß sich Ihre Frau nicht mehr in der Küche befindet, wo sie gerade noch gearbeitet hatte, oder Sie wollen Ihren Mann im Büro anrufen und müssen feststellen, daß er plötzlich verschwunden ist. Oder Sie machen mit Ihren Kindern einen Ausflug, und auf einmal sind diese spurlos verschwunden. Oder Sie fahren auf der Autobahn, und auf einmal sehen Sie hier und dort führerlose Autos ins Schleudern geraten oder leer am Wegrand stehen. Oder Sie befinden sich im Flugzeug, und plötzlich verschwindet der Pilot, und der Kopilot hat Mühe, sofort die Kontrolle zu übernehmen. Es kann auch sein, daß Sie an

Die genaue Länge des ersten und zweiten Tages geht aus der Bibel nicht hervor. Zwischen Adam und Abraham liegen möglicherweise ungezählte Jahre. Die Bibel gibt uns für die Erschaffung Adams sowie die Ereignisse im Paradies keine genauen Zeitangaben. Die beiden ersten Tage sind demnach sinnbildliche Zeitabschnitte von weit längerer Dauer als 2000 Jahre.

Die
SIEBENTAUSEND
Jahre

„. . . ein Tag ist vor dem Herrn wie tausend Jahre . . . " (2. Petr. 3, 8)

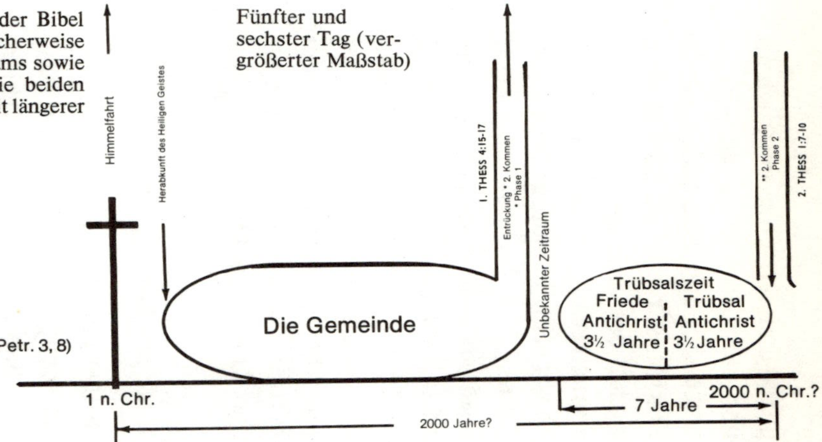

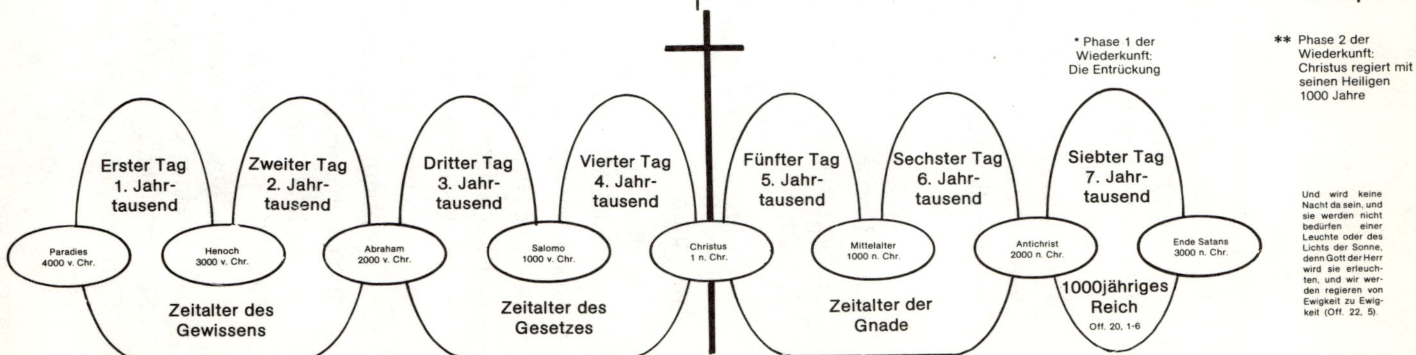

einem Sonntagmorgen mit 500 anderen Kirchenbesuchern im Gottesdienst sitzen, und plötzlich sind 30, 40 oder 50 Menschen verschwunden. Sie aber und viele andere sitzen noch da, und selbst der Pfarrer ist ratlos. So oder ähnlich wird es bei der Entrückung auf der Erde zugehen.

Noch einmal die Zusammenfassung: Unter dem ersten Kommen Christi verstehen wir seine Geburt in Bethlehem vor nun mehr als 1900 Jahren. Die *Wiederkunft* Christi besteht aus zwei zeitlich auseinanderliegenden Phasen. Die erste Phase ist mit der Entrückung eng verbunden; dabei werden die gläubigen Christen dem Herrn entgegen in die Luft entrückt werden. Die zweite Phase liegt am Ende der Trübsalszeit, das heißt 7 Jahre nach der Entrückung; dann kehrt Christus auf die Erde zurück und errichtet mit seinen Heiligen das Tausendjährige Reich (vgl. Off. 20).

Die sieben Tage und das Ende der Welt

Es gibt eine Theorie, nach der sich die menschliche Geschichte in 7 „Tage" oder Zeitperioden einteilen läßt, wobei jeder Tag tausend Jahre umfaßt. Es handelt sich hier, wohlgemerkt, um eine *Theorie*, die sich an Hand der Bibel nicht beweisen läßt. Die Heilige Schrift weist nämlich ausdrücklich darauf hin, daß niemand den Tag und die Stunde kennt, wann der Herr wiederkommt, dieser Zeitpunkt also nicht errechnet werden kann.

Trotzdem ist in diesem Zusammenhang 2. Petrus 3, 8 interessant, wo es heißt: „Ferner dürft ihr dies eine nicht unbeachtet lassen, Geliebte, daß ein Tag beim Herrn wie tausend Jahre ist und tausend Jahre wie *ein* Tag."

Manche glauben, hier liege der Schlüssel für ihre Annahme einer großen Zeitwoche. Sie entnehmen aus den Stammtafeln des Alten Testaments, daß von Adam bis Christus 4000 Jahre, das heißt 4 Tage verstrichen sind.

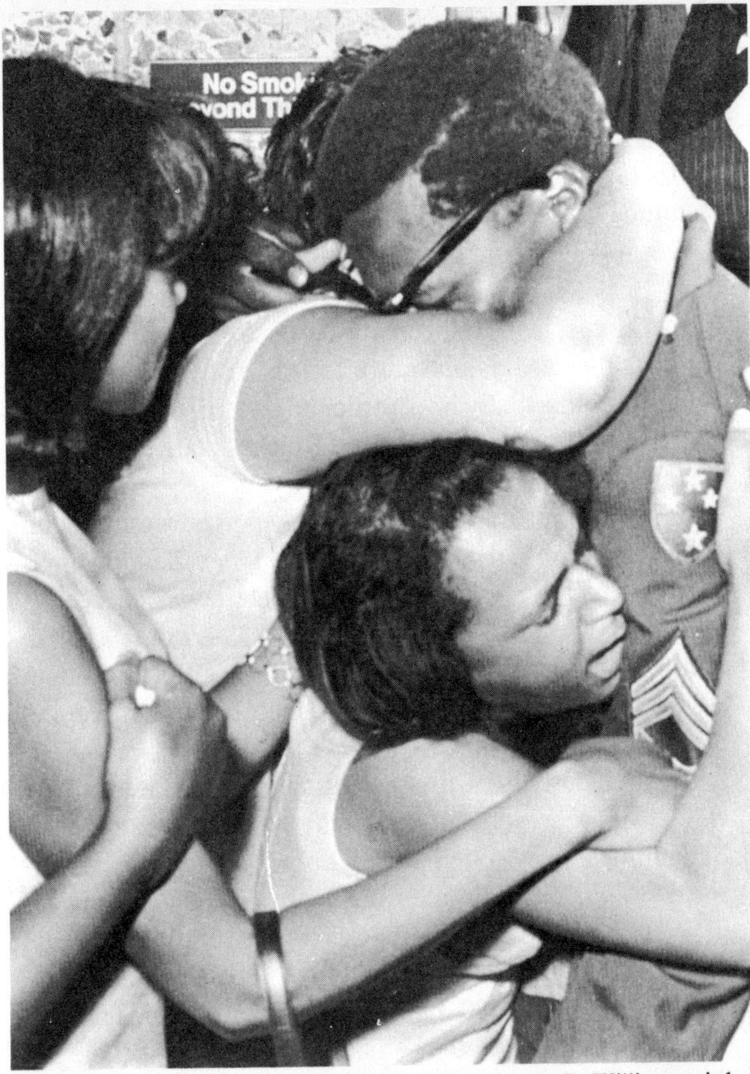

Ein Soldat kehrt ins Leben zurück. Gefreiter James O. Williams wird auf dem Detroiter Flughafen bei seiner Ankunft von seinen Angehörigen stürmisch begrüßt. Seiner verwitweten Mutter war von offizieller Stelle mitgeteilt worden, ihr Sohn sei in Vietnam gefallen. Später stellte sich das ganze als Irrtum heraus. Nun hat Williams 30 Tage Sonderurlaub erhalten. Was für ein freudiges Wiedersehen wird es einst geben, wenn die an Christus Glaubenden mit ihren bereits abgeschiedenen Angehörigen beim Herrn wieder vereint werden, und welche Not und Pein erwartet alle, die Christus einst in ihrem Leben abgewiesen haben: „Und so jemand nicht ward gefunden geschrieben in dem Buch des Lebens, der ward geworfen in den feurigen Pfuhl" (Off. 20, 15).

Der 5. Tag endete mit dem Beginn der dunklen Jahrhunderte des Mittelalters um das Jahr 1000 n. Chr. (996 n. Chr., da das Geburtsjahr Christi etwa 4 Jahre vor unserer Zeitrechnung anzusetzen ist).

Der 6. Tag würde um das Jahr 2000 n. Chr. enden. Das wäre der Anfang der Tausendjährigen Herrschaftszeit Christi und seiner Heiligen auf der Erde.

Sollte diese Annahme zutreffen und unter der richtigen Voraussetzung, daß die Entrückung wenigstens 7 Jahre vor Beginn des Tausendjährigen Reiches stattfindet, wäre dieses etwa für das Jahr 1989 anzusetzen.

Wir sind hier nur auf Vermutungen angewiesen, denn *keine Stelle der Bibel gibt uns den genauen Zeitpunkt des zweiten Kommens Christi an.* Ja, der Herr versichert uns, daß das Wissen um den Tag seiner Wiederkunft keinem Sterblichen zuteil wird (Matth. 24, 36-42). Wir sind allein auf die Zeichen verwiesen, von denen in diesem Kapitel die Rede war.

Die Wiederkunft Christi steht nahe bevor, dessen sind wir gewiß; der genaue Zeitpunkt ist von zweitrangiger Bedeutung. Wir wollen unser Leben so führen, als erwarteten wir das Kommen des Herrn jeden Augenblick.

Wer sich diese Haltung zu eigen macht, erkennt auch die ganze Wichtigkeit der Errettung und Heilsgewißheit.

Noah arbeitete 120 Jahre lang an der Arche, und nur sieben Menschen folgten seinem Ruf zur Umkehr; die andern ließen das Angebot unbeachtet.

Mehr als 300 Stellen des Alten und Neuen Testaments sind Verheißungen des zweiten Kommens Christi. *Genauso, wie die 200 alttestamentlichen Verheißungen über die Jungfrauengeburt, den Tod und die Auferstehung Christi mit seinem ersten Kommen wörtlich in Erfüllung gingen, werden sich auch die Weissagungen über seine Wiederkunft und die Trübsalszeit buchstäblich verwirklichen.*

Wie bereits gesagt, werden bei der Wiederkunft Jesu in der Welt Verhältnisse herrschen wie zu Zeiten Noahs.

Eine kürzlich durchgeführte Meinungsumfrage unter den größten protestantischen Konfessionen Amerikas ergab folgendes Ergebnis: ein Drittel aller Befragten glaubte nicht an einen persönlichen Gott, über 40 Prozent leugneten die Gottessohnschaft Jesu.

Bald wird die Welt erleben, wie Millionen von Menschen in einem Augenblick von der Erde hinweggenommen werden. Alle, die Christus als ihren Erlöser und Retter angenommen haben und noch leben, werden ihrem Herrn entgegen in die Luft entrückt werden; die in Christus Verstorbenen werden zuerst auferstehen und ebenfalls in dieses herrliche Ereignis einbezogen sein.

In 1. Thess. 4, 18 spricht Gott: „So tröstet euch denn mit diesen Worten untereinander."

Für die dann noch lebenden Ungläubigen wird mit der Entrückung der Gläubigen eine Zeit des Unheils und der Schrecken anbrechen.

Ich hoffe und bete, daß viele meiner Leser, die noch nicht den Schritt zum Glauben getan haben, bald Christus als ihren persönlichen Herrn und Heiland annehmen und so zum ewigen Leben gelangen.

In Johannes 5, 24 heißt es:

„Wahrlich, wahrlich, ich sage euch: Wer mein Wort hört und glaubt dem, der mich gesandt hat, der hat das ewige Leben und kommt nicht in das Gericht, sondern er ist vom Tode zum Leben hindurchgedrungen."

So einfach ist die Botschaft des Evangeliums. Ein jeder, der im Glauben Christus als seinen Herrn und Heiland annimmt, wird nicht gerichtet und gewinnt Leben in Ewigkeit. Wer aber nicht glaubt, dessen Los ist der Tod und die ewige Höllenstrafe.

Die Entscheidung liegt bei jedem einzelnen!

6

DER ANTICHRIST

In naher Zukunft wird ein großer Staatsmann als Friedensbringer auftreten. Unter dem Beifall der ganzen Welt wird er den Konflikt im Nahen Osten zwischen Arabern und Israelis zu einer befriedigenden Lösung bringen.

Seien Sie wachsam, wenn dies geschieht, denn dieser Mann ist der Antichrist. Seine Worte des Friedens sind Balsam für die Ohren der von Kriegen zerrissenen Welt und bilden den Auftakt für 7 Jahre der Gewalttat, des Schreckens und des Massenmordes.

Der Antichrist ist eine Person der satanischen Dreieinigkeit, so wie Christus zur göttlichen Dreieinigkeit gehört.

Was verstehen wir unter göttlicher und satanischer Dreieinigkeit?

Die himmlische Dreieinigkeit besteht aus Vater, Sohn und Heiligem Geist. Dem entspricht im antigöttlichen Bereich die Dreieinigkeit von:

1. Satan - in der Schrift auch „Drache" genannt. Er ist der Antigott und ahmt die Werke Gott-Vaters nach (Off. 12, 9; 20, 2).
2. Antichrist - in der Schrift auch das „Tier" genannt. Er ist der Antisohn und ahmt die Werke des Gottessohnes nach (Off. 13, 1; 19, 20).
3. Der falsche Prophet - die Schrift nennt ihn auch das „zweite Tier". Er ist der Antigeist und ahmt die Werke des Heiligen Geistes nach (Off. 13, 11; 19, 20).

Der Antichrist ist der Erzfeind Christi und maßt sich

dessen Namen und Vollmacht an. Der Text in 2. Thess. 2, 1-12 nennt ihn den „Menschen der Sünde" und stellt fest, daß er sich Gott widersetzen und sich über Gott erheben wird. Er wird sich sogar in den Tempel Gottes setzen und sich als Gott ausgeben.

Der Antichrist und der falsche Prophet treten in der Trübsalszeit auf. Die Trübsalszeit dauert sieben Jahre. Die letzten dreieinhalb Jahre werden voller Schrecken, Tod und Bedrängnisse sein.

Der falsche Prophet wird nicht danach trachten, seine eigene Person in den Vordergrund zu stellen, und darf nicht mit dem Antichristen verwechselt werden. Er wird zu keiner Zeit in den Mittelpunkt der Verehrung rücken und insofern das Werk eines Propheten tun, als er die Aufmerksamkeit von sich weg auf den Antichristen lenkt, der nach seinen Worten das alleinige Recht auf Verehrung beanspruchen kann.

Antichrist und falscher Prophet sind Werkzeuge in der Hand Satans, der jeden ihrer Schritte lenkt.

Jesus Christus spricht in Johannes 5, 43 in prophetischen Worten vom Antichristen und sagt:

„Ich bin im Namen meines Vaters gekommen, doch ihr nehmt mich nicht an; wenn ein anderer in seinem eigenen Namen kommt, den werdet ihr annehmen."

Es stimmt traurig, wenn man bedenkt, daß die Juden einst als Volk den Messias abwiesen, den Täuschungen des Antichristen jedoch zum Opfer fallen und ihn mit offenen Armen als ihren König und Erretter willkommen heißen werden.

Auf Seite 128 geben wir eine Gegenüberstellung von Christus und Antichrist; sie zeigt deutlich den krassen Gegensatz zwischen beiden. Der Antichrist wird in allem das genaue Gegenteil Jesu Christi sein.

Christus	**Antichrist**
Christus kam vom *Himmel* (Joh. 6, 38)	Der *Antichrist* steigt aus dem *Abgrund* herauf (Offb. 11, 7)
Christus kam in seines *Vaters* Namen (Joh. 5, 43)	Der Antichrist kommt in seinem *eigenen* Namen (Joh. 5, 43)
Christus *erniedrigte sich* selbst (Phil. 2, 8)	Der Antichrist *überhebt sich* über alles (2. Thess. 2, 4)
Christus *verachtet* (Jes. 53, 3; Luk. 23, 18)	Der Antichrist *bewundert* (Off. 13,3-4)
Christus *erhöht* (Phil. 2, 9)	Der Antichrist wird *in die Hölle* geworfen (Jes. 14,14-15; Off. 19, 20)
Christus tut den Willen *seines Vaters* (Joh. 6, 38)	Der Antichrist handelt nach *eigenem* Gutdünken (Dan. 11, 36)
Christus kam, um *selig* zu machen (Luk. 19, 10)	Der Antichrist kommt, um *Unheil* anzurichten (Dan. 8, 24)
Christus ist der *„rechte Weinstock"* (Joh. 15, 1)	Der Antichrist ist der *„Weinstock der Erde"* (Off. 14, 18)
Christus ist die *Wahrheit* (Joh. 14, 6)	Der Antichrist ist die *„Lüge"* (2. Thess. 2, 11)
Christus ist der *„Heilige Gottes"* (Mark. 1, 24)	Der Antichrist ist *„der Gesetzlose"* (2. Thess. 2, 8)
Christus ist der *„Mann der Schmerzen"* (Jes. 53, 3)	Der Antichrist ist der *„Mensch der Sünde"* (2. Thess. 2, 3)
Christus ist der *„Sohn Gottes"* (Luk. 1, 35)	Der Antichrist ist der *„Sohn des Verderbens"* (2. Thess. 2, 3)
Christus, *„das gottselige Geheimnis"*, ist *Gott*, geoffenbart im Fleisch (1. Tim. 3, 16)	Der Antichrist *„das Geheimnis der Bosheit"* ist der *Satan*, geoffenbart im Fleisch (2. Thess. 2, 7)

Aus der Bibel geht hervor, daß der Antichrist seine Beliebtheit der Tatsache verdanken wird, daß überall in der Welt die Gesetzlosigkeit überhand nimmt und er im letzten Augenblick als der starke Mann und Weltretter in Erscheinung tritt.

Die Kennzeichen des Antichristen

1. Er ist ein Freund von Juden und Heiden: Der Antichrist wird eine äußerst beliebte Persönlichkeit sein und als großer Menschenfreund auftreten. Besondere Vorliebe scheint er für das jüdische Volk zu haben. Die Schrift läßt keinen Zweifel daran, daß er den Juden vortäuscht, mit ihm breche ihr so lange ersehntes Goldenes Zeitalter an; in dieser Überzeugung werden sie ihn als ihren Messias annehmen. Seine Persönlichkeit wirkt unwiderstehlich. Aufgrund seiner vielseitigen Erfolge und Leistungen, seiner übermenschlichen Weisheit und überragenden staatsmännischen Begabung wird er von allen Staatslenkern und der breiten Öffentlichkeit hoch verehrt. Er ist ein glänzender Diplomat und ein hervorragender Kriegsstratege.

Da er erst zu Beginn der Trübsalszeit an die Öffentlichkeit tritt, kann er mit einer riesigen Anhängerschaft rechnen, denn zu diesem Zeitpunkt befindet sich kein gläubiger Christ mehr auf der Erde.

Aus den vielen Stellen der Schrift, die von dieser Zeit handeln, geht eines klar hervor: Der Antichrist wird ein großer Betrüger und ein geschickter Nachahmer des wahren Christus sein.

Christus hatte sich 30 Jahre lang in der Zurückgezogenheit Nazareths aufgehalten; in all dieser Zeit war er nur einmal kurz in Erscheinung getreten (Luk. 2). Ähnlich bleibt der Antichrist zunächst im Verborgenen, ehe er öffentlich auftritt. Möglicherweise lebt er heute schon und bereitet sich auf seine teuflische Wirksamkeit vor. Die Amerikanerin Jeanne Dixon, der man okkulte seherische Begabung nachsagt, erklärte in mehreren Fernsehsendungen, vor kurzem sei im Nahen Osten ein großer Friedensbringer geboren worden, der einmal weltberühmt und sehr mächtig werden werde.

Ist der Christ für derartige Voraussagen auf eine Seherin von unten angewiesen? Er schöpft sein Wissen aus der Schrift. Vergleichen wir nämlich die Aussagen der Bibel zu diesem Thema mit unserer Zeit, dann ergibt sich klar, daß in unserer Zeit alle Voraussetzungen für ein baldiges Erscheinen des Antichristen gegeben sind.

2. Er macht Friedensversprechungen: Der märchenhafte Erfolg des Antichristen bei den Massen beruht zweifellos zum Teil darauf, daß er verspricht, die Welt zu befriedigen und damit der tiefen Sehnsucht aller Kreise entgegenkommt. Noch nie in der Geschichte war man so sehr der Kriege überdrüssig wie gerade in unseren Tagen. Die Welt sehnt sich schon seit langem nach einem mächtigen Friedensstifter. In der Person des Antichristen wird der uralte Menschheitswunsch erfüllt werden - allerdings nur für kurze Zeit, denn der glanzvolle Höhepunkt der Menschheitsgeschichte wird gleichzeitig ihr Wendepunkt zum Zusammenbruch hin sein.

3. Sein erster Schritt: Der Antichrist wird zunächst in seiner Eigenschaft als Haupt eines europäischen Staatenbundes seinen ganzen Einfluß bei der Lösung des dann immer noch brodelnden Nahostkonflikts einsetzen. Dabei wird er sich gegen Rußland ganz auf die Seite Israels stellen und tatsächlich die Palästinafrage zugunsten der Israelis einer Regelung zuführen. Damit erwirbt er sich das schrankenlose Vertrauen der Juden, denen er viele weitere Vergünstigungen erweist; vor allem fördert er tatkräftig ihre Rückwanderung aus der Zerstreuung in das Land ihrer Väter. Die Trübsalszeit beginnt mit einem öffentlichen Auftreten der Person des Antichristen. Er ist an der Ausarbeitung eines bedeutsamen Friedensvertrages für den Nahen Osten, der 7 Jahre Gültigkeit haben soll, beteiligt (Dan. 9, 25). Zu jenem Zeitpunkt wird er jedoch noch nicht als der Antichrist erkannt werden. Seine

Identifizierung geschieht erst dreieinhalb Jahre später.

Rußland, der eigentliche Gegner im Palästinastreit, ist Teil eines nördlichen Staatenbundes und unterstützt die Anliegen der Araber.

2. Thessalonicher 2 und Hesekiel 38 werfen Licht auf diesen Zusammenhang. Es heißt dort: „Und von deinem Wohnsitz, vom äußersten Norden her, kommst du (Rußland) und viele Völker mit dir, allesamt hoch zu Roß, eine große Schar und ein gewaltiges Heer; und du wirst gegen mein Volk Israel heranziehen . . . wahrlich, an jenem Tage wird ein großes Erdbeben im Lande Israel stattfinden" (Hes. 38, 15-16,19).

„Dann erst wird der Gesetzlose (Antichrist) offen hervortreten, den der Herr Jesus aber durch den Hauch seines Mundes wegraffen wird . . . ihn, dessen Auftreten sich als Wirksamkeit des Satans kundgibt durch alle möglichen Machttaten" (2. Thess. 2, 8-9).

Schätzungsweise leben heute in Israel rund 2,8 Millionen Juden. Viele alte Sitten und Gebräuche werden zu neuem Leben erweckt. Der religiöse Glaube der Mehrheit der Bevölkerung ist jedoch weit entfernt vom biblischen Judaismus. Die meisten vertreten eine liberale Auffassung ihres Glaubens, viele sind sogar Atheisten. Nur eine verschwindende Minderheit betrachtet Christus als den wahren Messias oder erwartet die buchstäbliche Erfüllung der alttestamentlichen Prophetien. Andererseits jedoch wird Palästina als Land der Verheißung angesehen.

Die Frage erhebt sich, warum Rußland gerade einen Einfall in Israel oder Palästina planen sollte.

Man hat festgestellt, daß Israels Gesamtexport an Industriegütern und landwirtschaftlichen Erzeugnissen äußerst gering ist im Vergleich zum Mineralreichtum des Toten Meeres. Seit der Zeit Abrahams vor nunmehr 4000 Jahren hat sich in diesem geheimnisvollen Meer ein sagenhafter Reichtum an Mineralsalzen gebildet. Erst mit der Rückkehr der Juden in ihr Land ging man daran, die Zusammensetzung des Toten Meeres näher zu untersuchen und kam zu dem Ergebnis, daß die darin enthaltenen Chemikalien einem Wert von 4.572.000.000.000 DM entsprechen. Das entspricht dem gesamten Reichtum der USA, Großbritanniens, Frankreichs, der Bundesrepublik Deutschland und Italiens.

Die Herrschaft des Antichristen

Wie bereits dargelegt, wird der Antichrist sieben Jahre lang die Herrschaft ausüben. Solange dauert die Zeit der Trübsal. Er ist Präsident eines europäischen Zehn-Staaten-Bundes. Den Vereinigten Staaten von Europa werden aller Voraussicht nach Frankreich, Großbritannien, die Bundesrepublik Deutschland, Italien sowie eine Reihe kleinerer Staaten angehören*. Offenbarung 17,12-13 besagt, daß sich die Nationen, die einst zum Römischen Reich gehörten, in einem Bund zusammenschließen und *einen* Mann an ihre Spitze stellen werden (vgl. auch Dan. 7,7-8; 23-26; Off. 13). Dies wird der Antichrist sein.

Die geschilderte Einheitsbewegung ist bereits deutlich erkennbar. Denken wir nur an den Europäischen Gemeinsamen Markt, das Einheitsstreben der großen Konfessionen, den Plan zur Schaffung einer Weltwährung, die von einem Weltbankier überwacht werden soll usw.

In diesem Zusammenhang sei auch der Vorschlag des ehemaligen UN-Generalsekretärs U Thant erwähnt, die Güter der Welt dadurch neu zu verteilen, daß eine abgestufte Einkommenssteuer eingeführt werden soll, die an die Vereinten Nationen zu zahlen wäre.

* Seit dem 22. Januar 1972 sind auch Großbritannien, Irland, Dänemark und Norwegen EWG-Mitglieder.

Der Ablauf der Ereignisse

Wann wird dies nun alles geschehen? Wie werden sich die Ereignisse abspielen?

Ganz zu Beginn der Trübsalszeit wird der Antichrist mit Israel einen Bund schließen. Er wird als großer Friedensstifter und Schutzherr Israels auftreten. Er wird wohl einen siebenjährigen Vertrag schließen, der auch Israel einschließt; allerdings wird er sich nur während der ersten Hälfte der Trübsalszeit an dieses Vertragswerk halten (Dan. 9, 27).

Nachdem der Antichrist als Haupt der Vereinigten Staaten von Europa den Israelis Palästina überlassen hat, schickt sich Rußland an, einen Eroberungsfeldzug vorzubereiten. Rußlands geheime Kriegsvorbereitungen werden etwa zwei bis drei Jahre dauern.

Der Verfasser ist der Auffassung, daß der Angriff Rußlands und seiner nördlichen Verbündeten etwa in der Mitte der Trübsalszeit erfolgt. Der genaue Zeitpunkt dieses Einfalls geht aus der Schrift nicht hervor, außer, daß es in den „letzten Tagen" sein wird (Hes. 38,8-16).

Wer wird der Antichrist sein?

Darüber gibt es verschiedene Ansichten. Auf jeden Fall wird er erst nach der Entrückung der Gemeinde erkennbar sein.

Einige Theologen glauben, er sei Judas Ischariot, der Verräter Jesu. Wie dem auch sei, fest steht, daß er ganz vom Teufel beherrscht sein wird, und insofern läßt sich auch ein Vergleich mit der Person des Judas herstellen. Außerdem wissen wir, daß er der größte Staatsmann aller Zeiten ist, das politische Oberhaupt des wiederhergestellten Römischen Reiches in der Form des Zehn-Staaten-Bundes.

Einige Schriftstellen deuten an, daß der Antichrist schon vor der Trübsalszeit auf der Weltbühne tätig wird. Diese Annahme basiert auf 2. Thess. 2, 3:

„Laßt euch von niemand auf irgendeine Weise täuschen; denn zunächst muß ja doch der Abfall eintreten und der Mensch der Gesetzlosigkeit erschienen sein, der Sohn des Verderbens."

Im Vers 8 des gleichen Kapitels lesen wir:

„Dann erst wird der Gesetzlose offen hervortreten, den der Herr Jesus jedoch durch den Hauch seines Mundes wegraffen und durch den Eintritt seiner Ankunft vernichten wird."

Daraus könnte man schließen, daß der Antichrist schon vor der Entrückung als Persönlichkeit bekannt ist, jedoch noch nicht als Widersacher Gottes.

Man beachte also, seine Person mag zu jener Zeit bereits bekannt sein, sein wirklicher satanischer Charakter wird jedoch erst in der Mitte der Trübsalszeit offenbar, und zwar dann, wenn er für sich göttliche Anbetung fordert.

Manche nehmen auch an, daß sich der Antichrist die unsichere Lage im Nahen Osten zunutze macht und die

„Von den Zeiten aber und Stunden, liebe Brüder, ist nicht not, euch zu schreiben: Denn ihr selbst wisset gewiß, daß der Tag des Herrn (die schreckliche Trübsalszeit, der die Wegnahme der Gläubigen vorausgeht) wird kommen wie ein Dieb in der Nacht. Denn wenn sie werden sagen: ‚Es ist Friede, es hat keine Gefahr', so wird sie das Verderben schnell überfallen (die Ungläubigen) . . . und werden nicht entfliehen" (1. Thess. 5, 2-3).

Macht im Irak, dem Land, wo das alte Babylon stand, an sich reißt.

Zur gegebenen Zeit wird er drei Mitgliedstaaten des Mittelmeerbundes unterwerfen, die von nun an vom Irak, dem Mittelpunkt des neuerrichteten Reiches aus, regiert werden. Das hieße, daß das prophetische Babylon aus Offenbarung 17 und 18 im buchstäblichen Sinne wiedererstände. Babylon war ja einst das Zentrum des ersten Aufruhrs der Menschheit gegen Gott, wie uns in der Geschichte vom Turmbau zu Babel in 1. Mose 11 berichtet wird.

Welche Religion vertritt der Antichrist? Er wird keine Vollmacht anerkennen außer der eigenen. In der Schrift heißt er ja der Mann der Gesetzlosigkeit.

Überall ist heute ein wachsendes Interesse am Atheismus festzustellen. Die amerikanische „Gesellschaft zur Ausbreitung des Atheismus" erklärt stolz, sie verfüge über mehrere Millionen Mitglieder in den USA, und es gebe keine Hochschule im Lande, wo sie nicht vertreten sei. Der sich ausbreitende Atheismus wird in der Tat zu den Wegbereitern des Antichristen gehören.

Manche vermuten auch, der Antichrist werde aus dem Nahen Osten stammen. Die Zeit wird mit Sicherheit auf all diese Fragen eine Antwort geben. Wichtig für uns ist weniger, über alle Einzelheiten in bezug auf den Antichristen Bescheid zu wissen, als die Erkenntnis, daß wir ohne Christus ewig verloren sind und nur durch den Glauben an ihn gerettet werden können.

In Wahrheit kann nur Gott allein Frieden stiften. *Jesus* wird der Friedensfürst genannt! Der Antichrist versucht, die Rolle Christi zu spielen und einen „Himmel auf Erden" zu schaffen.

Die Welt wird ihm begeistert zujubeln, denn er wird ein großartiger Regent sein. Man wird riesige Städte bauen.

Die Wissenschaft wird erstaunliche neue Erkenntnisse gewinnen. Die Herzverpflanzungen haben uns bereits einen Vorgeschmack dessen gegeben, was der Mensch zu leisten vermag.

Es wird eine Zeit sein, in der sich der Mensch zum Himmel erhebt, ohne des Wortes aus Obadja 1, 4 eingedenk zu sein:

„Wenn du auch hoch hervortretest wie der Adler und dein Nest zwischen den Sternen gebaut wäre, würde ich dich doch von dort herabholen."

Sollte jemand von unseren Lesern die Herrschaftszeit des Antichristen erleben, so lasse er sich von seinen Worten des Friedens nicht täuschen, denn sein wahres Ziel heißt: *TOD UND VERNICHTUNG!*

7

DER FALSCHE PROPHET ALS WUNDERTÄTER UND HENKER

Im letzten Kapitel sprachen wir von der satanischen Dreieinigkeit, nämlich von Satan, in der Schrift auch der Drache genannt, und vom Antichristen oder dem Tier. Im folgenden wollen wir uns näher mit der dritten Person, dem falschen Propheten befassen.

Der falsche Prophet tritt als Mitarbeiter des Antichristen auf. Es handelt sich also um zwei voneinander verschiedene Personen. Dieser Hinweis scheint wichtig, da hier oft Unklarheit herrscht.

Der Antichrist wird wahrscheinlich den Titel König oder Präsident führen und über die Vereinigten Staaten von Europa regieren. Er wird sich selbst erhöhen und göttliche Verehrung fordern.

Der Unterschied zwischen dem Antichristen und dem falschen Propheten liegt darin, daß letzterer keinen Herrschaftsanspruch geltend machen und nicht in den Vordergrund drängen wird, sondern mehr hinter der Szene wirkt. Er wird die Aufmerksamkeit des Volkes ganz auf den Antichristen lenken, für den er göttliche Ehren verlangt.

Wiederholen wir noch einmal: Satan ist das Gegenbild Gottes, des Vaters; der Antichrist der Widersacher und große Gegenspieler Christi; der falsche Prophet der nachahmende Gegensatz des Heiligen Geistes.

Dreimal wird der falsche Prophet in der Offenbarung mit Namen genannt:

Aufgestapelte Aluminiumsärge zur Rückführung in Vietnam gefallener amerikanischer Soldaten. Bisher hat der Vietnamkrieg von den USA schon mehr als 43 000 Todesopfer gefordert. Über 300 000 Soldaten wurden verwundet.

Eine Kontraststudie: Drei Mädchen geraten während eines Konzerts der Beatles in Philadelphia in Ekstase. Einer der Beatles, John Lennon, hat einmal gesagt: „Mit dem Christus ist es bald am Ende, er wird verschwinden, darüber brauchen wir gar nicht zu diskutieren. Ich habe recht und die Zukunft wird mir recht geben. Wir sind heute beliebter als Jesus. Ich weiß nicht, was zuerst überholt sein wird, die Rock-and-Roll-Musik oder das Christentum." Inzwischen hat die Jesus-Bewegung diese Worte Lügen gestraft, aber sie sind typisch für das antichristliche Denken unserer Zeit.

„Und ich sah aus dem Maul des Drachen (Satan) und aus dem Maul des Tieres (Antichrist) und aus dem Maul des falschen Propheten drei unreine Geister . . . hervorkommen" (Off. 16, 13).

„Dann wurde das Tier (Antichrist) gegriffen und mit ihm der Lügenprophet, der die Wunderzeichen vor seinen Augen getan und dadurch die verführt hatte, die das Malzeichen des Tieres (Antichrist) trugen und sein Bild anbeteten; mit lebendigem Leib wurden beide in den Feuersee geworfen, der mit Schwefel brennt" (Off. 19,20).

„Und ihr Verführer, der Teufel, wurde in den Feuer- und Schwefelsee geworfen, in welchem sich auch das Tier (Antichrist) und der Lügenprophet befinden; dort werden sie bei Tag und Nacht in alle Ewigkeit gepeinigt werden" (Off. 20,10).

Man beachte, daß der falsche Prophet zweimal im Zusammenhang mit dem Antichristen genannt wird und einmal im Zusammenhang mit Satan. Der letzte der oben zitierten Verse handelt von ihrem schrecklichen Ende.

Das religiöse System der Endzeit

Die 10 Könige übertragen ihre ganze Macht einem einzigen Mann, dem Antichristen (Off. 17,12-13). Man kann sich fragen, warum sie das wohl tun. In der Offenbarung wird uns ein religiöses System vorgestellt, das symbolisch „die große Hure" genannt wird und den Zehn-Staaten-Bund sowie seinen Führer beherrschen wird. Vielleicht teils zur Verteidigung dieser Religion werden die zehn Nationen mit Rußland zusammenstoßen und das Tier (Antichrist) zu ihrem Führer machen.

Offenbarung 17 ist in diesem Zusammenhang sehr wichtig, denn hier haben wir eine genaue Schilderung der Religion der Endzeit vor uns. Vers 9 nennt als ihren Sitz eine Stadt mit sieben Hügeln. Man kann wohl vermuten, daß hiermit die Siebenhügelstadt Rom gemeint ist.

Schließlich, gegen Mitte der großen Trübsal, wenden sich der falsche Prophet und der Antichrist gegen das genannte System und vernichten es (Off. 17, 16). Von nun an wird nur noch der Antichrist verehrt und angebetet.

Ein Nachahmer Elias

In 2. Könige 1, 10 lesen wir: „Aber Elia antwortete dem Hauptmann: ‚Wenn ich denn ein Gottesmann bin, so falle Feuer vom Himmel herab und verzehre dich samt deinen fünfzig Leuten!' Da fiel Feuer vom Himmel herab und verzehrte ihn samt seinen fünfzig Leuten."

Aus den Versen 12 und 14 ersehen wir, daß Elia verschiedentlich Wunder dieser Art wirkte. Sie dienten ihm vor dem Volk Israel als Beglaubigung dafür, daß er der Gesandte Gottes sei.

Die beiden letzten Verse des Alten Testaments enthalten eine Weissagung über die Wiederkunft Elias am Ende der Tage. Es heißt dort:

„Wisset wohl: Ich sende euch den Propheten Elia, ehe der große und furchtbare Tag des Herrn kommt; er wird das Herz der Väter den Söhnen und das Herz der Söhne ihren Vätern wieder zuwenden, damit ich nicht kommen muß und das Land mit dem Bannfluch schlage."

Das Interessante an dieser Prophetie liegt darin, daß es sich hier um die letzten Worte handelt, die Gott im Alten Bund an sein Volk richtet. Dann tritt vier Jahrhunderte lang Schweigen ein, ehe Gott im Neuen Testament das Gespräch wieder aufnimmt. Die Verheißung besagt, daß vor der Wiederkunft Christi zur Aufrichtung des Tausendjährigen Reichs der Prophet Elia wieder erscheinen wird.

Lesen wir Offenbarung 13, 13: „Auch vollführt er große Wunderzeichen, daß er sogar Feuer vor den Augen der Menschen vom Himmel auf die Erde herabfallen läßt."

Der falsche Prophet ruft Feuer vom Himmel herab; eine erstaunliche Tat für einen Betrüger. Doch Satan kennt sich in der Bibel aus. Der falsche Prophet steht unter der Gewalt Satans und wird in der ganzen Trübsalszeit die Wunder Gottes nachahmen. In unserem Fall ist es das Wunder des Elia, womit er Israel davon überzeugen will, daß *er* der geweissagte Elia sei.

Der Teufel wird seine ganze List und Tücke anwenden, damit er, der Antichrist und der falsche Prophet, für die göttliche Dreieinigkeit gehalten werden.

Es ist kein Wunder, daß uns die Schrift warnt: „... weil sie die Liebe zur Wahrheit sich nicht zu eigen gemacht haben, um ihre Rettung zu erlangen. Und aus diesem Grunde sendet Gott ihnen einen starken Irrwahn, damit sie der Lüge Glauben schenken sollen" (2. Thess. 2, 10-11).

Es gibt ein klares Kennzeichen zur Unterscheidung der Wunder Jesu von den Scheinwundern des falschen Propheten: Jesus tat nie ein Wunder, um sich damit zur Schau zu stellen; alle seine Wunderzeichen enthalten eine Lehre. Bei den Wundern des falschen Propheten geht es nicht um eine Lehraussage, sondern um eine Schaustellung an sich.

In Offenbarung 13, 14 heißt es: „Es verführt alle Bewohner der Erde durch die Wundertaten, die ihm vor den Augen des Tieres zu tun erlaubt sind. Es überredet die Bewohner der Erde, dem Tier, das die Schwertwunde hatte und doch wieder genesen ist, ein Standbild zu errichten."

Obiger Vers spricht von der Zeit, wenn der falsche Prophet im Auftrag Satans in Jerusalem ein großes Götzenbild aufstellen wird, das zum Mittelpunkt der religiösen Verehrung in der Welt werden soll.

Der Verfasser verfügt über Informationen aus erster

Hand, daß man heute bereits plant, Jerusalem zum religiösen Mittelpunkt der Religionen zu machen.

Herr über Leben und Tod

Der falsche Prophet tritt als der große Wundertäter auf. Sein größtes Wunder steht in Offenbarung 13,14-15. Dort ist geschildert, wie er ein Bildnis zum Leben erweckt und sprechen läßt.

Irgendwann in der ersten Hälfte der Trübsal kommt der Antichrist ums Leben, dann kehrt er auf wunderbare Weise wieder ins Leben zurück. Der falsche Prophet läßt dann in Jerusalem ein Bildnis des Antichristen aufstellen, dem er Leben verleiht. Es wird sprechen und den Tod all derer fordern, die ihm die Anbetung verweigern.

Erstaunlich ist die Zahl der Parallelen zwischen Ereignissen, die in der Prophetie angekündigt werden und Geschehnissen des Alten Testaments.

Als die Kinder Israel aus Ägypten ausgezogen waren und Mose auf dem Berg die Gesetzestafeln empfing, ließen sie sich von Aaron ein goldenes Kalb anfertigen, dem sie Anbetung zollten (vgl. 2. Mose 32,1-6). Ähnlich veranlaßt der falsche Prophet das Volk, ein Bildnis des Antichristen anzubeten.

Im Verlauf der Trübsalszeit mit ihren Schrecknissen wird man allmählich zu der Erkenntnis gelangen, daß dem falschen Propheten, der ja zunächst als Menschenfreund aufgetreten war, in Wahrheit Menschenleben gleichgültig sind. Wer die Anbetung des Antichristen verweigert, muß sterben.

In Sacharja 11,15-17 lesen wir: „Hierauf sagte der Herr zu mir: ‚Nimm dir noch einmal die Geräte eines törichten Hirten! Denn wisse wohl: Ich selbst will einen Hirten im Lande erstehen lassen, der sich um die verkommenen Tiere nicht kümmern, die verirrten nicht aufsucht, die verwundeten nicht heilt, die gesunden nicht versorgt, aber das Fleisch der fetten Tiere verzehrt und ihnen sogar noch die Klauen abreißt. Wehe über meinen nichtsnutzigen Hirten, der seine Herde im Stich läßt! Das Schwert komme über seinen Arm und über sein rechtes Auge! Sein Arm möge ganz absterben und sein rechtes Auge völlig erlöschen!"

Der Arm bedeutet hier ein Zeichen der Stärke, und das Auge ist Zeichen der Weisheit des falschen Propheten.

Der Gerichtstag kommt

Die Bibel läßt keinen Zweifel daran, daß der Antichrist und der falsche Prophet am Ende ihrer Strafe nicht entgehen werden. Bei lebendigem Leib werden sie in einen Feuersee geworfen.

„Da wurde das Tier gefangengenommen und mit ihm der Lügenprophet, der die Wunderzeichen vor seinen Augen getan und dadurch die verführt hatte, welche das Malzeichen des Tieres trugen und sein Bild anbeteten; bei lebendigem Leibe wurden beide in den Feuersee geworfen, der mit Schwefel brennt" (Off. 19,20).

Das wird die Strafe dafür sein, daß sie 7 Jahre lang durch ihr satanisches Regiment Tod und Vernichtung über Millionen Menschen gebracht haben.

Jeder, der im Augenblick der Entrückung auf der Erde lebt, und nicht gläubig ist, wird die Trübsalszeit mitmachen müssen. Heute besteht noch die Möglichkeit, Jesus Christus als persönlichen Erretter und Herrn anzunehmen und dadurch den kommenden Schrecknissen zu entgehen. Wer weiß, wie lange noch?

In 1. Thessalonicher 1,9-10 steht die Mahnung, sich von den Götzen hinweg zu Gott zu bekehren, um hinfort dem lebendigen und wahren Gott zu dienen und seinen Sohn vom Himmel her zu erwarten, den er von den Toten auferweckt hat, Jesus, der uns vor dem kommenden Zorngericht rettet. Für Juden und Heiden gleichermaßen gibt es nur den *einen* Heilsweg: der Glaube an die Frohe Botschaft.

In Römer 1, 16 heißt es: „Denn ich schäme mich der Heilsbotschaft nicht; ist sie doch eine Gotteskraft, die jedem, der da glaubt, die Rettung bringt, zuerst dem Juden, dann auch dem Griechen."

Noch besteht für alle Gelegenheit, der Trübsalszeit zu entgehen und an der Entrückung teilzuhaben. Wer jedoch diese Ausführungen erst in der Trübsalszeit in die Hände bekommen sollte, erfährt in den folgenden Kapiteln mehr über das, was ihn erwartet und wie er trotz allem noch das ewige Leben erlangen kann. Zu jenem Zeitpunkt wird es dann einfach sein, den Antichristen und den falschen Propheten zu identifizieren.

Achten Sie dann besonders auf den falschen Propheten, den falschen Wundertäter, denn er kann auch Ihr Henker sein.

8

FALSCHE SICHERHEIT

Kürzlich erschien in der „Saturday Evening Post" ein Artikel unter der Überschrift: „Die Regierung darf lügen." Als Autor zeichnete Arthur Sylvester, ehemaliger stellvertretender Verteidigungsminister.

In dem Artikel hieß es: „Wenn ich im 19. Jahrhundert im amerikanischen Westen gelebt hätte und zudem noch religiös gewesen wäre, hätte ich mich sicher auf die Seite der „lügenden" Baptisten gegen die „ehrlichen" Baptisten gestellt."

Arthur Sylvester spielt damit auf einen Vorfall an, der sich 1804 im amerikanischen Bundesstaat Kentucky ereignet hatte, als sich einige Baptisten darum stritten, ob sie gegenüber einer plündernden Indianerhorde die Wahrheit sagen und damit vielleicht das Leben eines Kindes aufs Spiel setzen sollten, oder ob sie in diesem Fall zu einer Lüge greifen dürften, um das Kind zu retten.

Das Recht zur Lüge

In dem Artikel heißt es dann an anderer Stelle: „Wenn die nationale Sicherheit auf dem Spiel steht, hat die Regierung das Recht, ja die Pflicht zu lügen, wenn dadurch der Gegner in die Irre geführt und die Nation geschützt werden kann."

Am 19. Oktober 1962 wurde durch die USA eine Falschmeldung dieser Art verbreitet. Darin hieß es: „Ein Sprecher des Weißen Hauses wies heute die Behauptung zurück, daß die Armee in Alarmbereitschaft gesetzt und irgendwelche militärischen Sondermaßnahmen gegen das kommunistische Kuba geplant sind."

Weiter versicherte der Sprecher: „Das Pentagon verfügt über keinerlei Informationen über die Anwesenheit von Angriffswaffen auf Kuba." Dies war eine glatte Lüge.

Viele werden sich noch an die U2-Affäre erinnern. Auch damals (1960) leugneten die USA gegenüber der Sowjetunion jede Art von Spionageflügen über deren Territorium ab. Sie beharrten solange bei ihrer Behauptung, bis die Sowjets schließlich den gefangenen Piloten F. G. Powers der Öffentlichkeit vorstellten und vor Gericht brachten. Dann kam die Wahrheit ans Licht.

Es gibt zweifelsohne viele überzeugende Argumente dafür, daß Regierungen in bestimmten Fällen, wo die Sicherheit des Landes gefährdet ist, zur Lüge greifen dürfen. Ob man das gutheißt oder nicht, bleibt dem persönlichen Urteil vorbehalten. Hier soll nur gezeigt werden, daß tatsächlich in der politischen Praxis oft bewußt mit Falschmeldungen operiert wird.

Wenn man das bedenkt, dürfte es auch nicht allzu schwer fallen zu verstehen, daß in den letzten Tagen ein Mann auftreten wird, der durch seine Lügenmanöver von der ganzen Welt als Friedensbringer gefeiert werden wird.

Seine Täuschungen werden so geschickt angelegt sein, daß er von jedermann als Retter der Welt betrachtet wird.

Er tritt ja nicht unter dem Namen „Antichrist" auf, sondern als gewöhnlicher Präsident oder König.

Man wird glauben, er sei wie Christus, weil er viele Wunder wirkt und eine Zeitlang die Erde befriedet.

In diesem Kapitel sprechen wir vom Beginn der Trübsal. Die erste Hälfte dieser Zeit ist überall in der Welt eine Zeit der Hoffnung. Man wird Großes leisten. Alles Erreichte wird als Verdienst des Antichristen proklamiert.

An anderer Stelle wurde bereits gesagt, daß, wenn es jemandem gelänge, den Nahost-Konflikt auf friedliche Weise zur Zufriedenheit aller Beteiligten zu schlichten, dieser als der geschickteste Diplomat aller Zeiten gefeiert würde. Seine Weisheit wäre derjenigen des Königs Salomo vergleichbar. Der Antichrist wird dieser Mann sein.

Vielleicht ist im Augenblick nicht leicht einzusehen, daß es in naher Zukunft einem Mann gelingen könnte, alle Völker der Welt unter seiner Oberherrschaft zu einen (Off. 13, 8). Wer jedoch fleißig in der Bibel liest, erkennt, wie sich alles auf diese Ereignisse zubewegt.

Weltregierung in Sicht

Der belgische Premierminister Paul Henry Spaak schrieb schon vor Jahren in der Zeitung „La Soeur": „In Wahrheit haben wir mit der Methode der internationalen Ausschüsse auf der ganzen Linie versagt. Wir brauchen eine Persönlichkeit von erstklassigem Format, von großer Erfahrung, großer Autorität, weltweitem Einfluß und großer Energie und Tatkraft.

Seine Nationalität spielt dabei keine Rolle; es ist auch gleich, ob er Soldat oder Zivilist ist. Die Hauptsache ist, er schiebt endlich einmal alle Ausschüsse beiseite, rüttelt die Leute aus ihrer Gleichgültigkeit auf und feuert die Regierungen zu Taten an. Wenn wir doch bald einen solchen Mann finden würden. Er wird einmal die westliche Welt zu verteidigen haben. Noch einmal möchte ich betonen: Noch ist es nicht zu spät, aber hohe Zeit."

Eine geschickte Nachahmung

In der Bibel lesen wir: „. . . Siehe, das ist Gottes Lamm, welches der Welt Sünde trägt" (Joh. 1,29).

Auch der Antichrist wird zunächst wie ein Lamm auftreten. Der Unterschied liegt darin, daß Christus kam, um die Sünde der Welt zu tragen, der Antichrist dagegen alles andere im Sinn hat, als der Welt Gutes zu tun. Er will die Menschen durch seine Lügenwerke blind machen, um sie über seine wahren Absichten hinwegzutäuschen. Das kommt auch in 2. Thess. 2,8-11 klar zum Ausdruck.

Dort heißt es: „Dann erst wird der Gesetzlose offen hervortreten, den der Herr Jesus aber durch den Hauch seines Mundes wegraffen und durch den Eintritt seiner Ankunft vernichten wird, dessen Auftreten sich als Wirksamkeit des Satans kundgibt durch alle möglichen Machttaten, Zeichen und Wunder der Lüge und durch jede Art von Trug und der Ungerechtigkeit für die, welche deshalb verloren gehen, weil sie die Liebe zur Wahrheit sich nicht zu eigen gemacht haben, um ihre Rettung zu erlangen.

Und aus diesem Grunde sendet Gott ihnen einen starken Irrwahn, damit sie der Lüge glauben."

Die erste Hälfte der 7jährigen Trübsalszeit

Nach der Entrückung beginnt die siebenjährige Trübsalszeit. Von ihr heißt es in Matthäus 24,21-22: „Denn es wird alsdann eine schlimme Drangsalszeit eintreten, wie noch keine von Anfang der Welt bis jetzt dagewesen ist, und wie auch keine wiederkommen wird;

Und wenn jene Tage nicht verkürzt würden, so würde kein Fleisch (= Mensch) gerettet werden; aber um der Auserwählten willen werden jene Tage verkürzt werden."

Der Antichrist wird zu Beginn der Trübsal als das Haupt der Vereinigten Staaten von Europa an die Öffentlichkeit treten. Dies geschieht 7 Jahre vor der zweiten Phase des zweiten Kommens Jesu, wenn er wiederkommt, um das Tausendjährige Reich aufzurichten. Erst in der Mitte der Trübsalszeit zeigt Satan sein wahres Gesicht, und die eigentliche Schreckensherrschaft beginnt (Dan. 9,27).

Es mag sein, daß ich in diesen Kapiteln öfters die gleichen Tatsachen wiederhole. Ich bezwecke damit jedoch nur die klare Herausstellung der Reihenfolge der Ereignisse. Der Leser soll nicht mit einer Menge alt- und neutestamentlicher Schriftstellen belastet werden; denn ist erst einmal die genaue Reihenfolge der Ereignisse klar und ein vollständiger Überblick gewonnen, können später andere Bücher zu Rate gezogen werden, die eingehender die theologische Seite beleuchten.

Die geheimnisvolle Zahl 666

In Offenbarung 13, 18 lesen wir: „Wer Verstand besitzt, der rechne die Zahl des Tieres (Antichrist) aus; sie ist nämlich die Zahl eines Menschen, und seine Zahl ist 666."

Seit langem ist man bemüht, hinter das Geheimnis der Zahl 666 zu gelangen, bisher jedoch vergebens.

Dieser Vers wurde zum Nutzen derer geschrieben, die in der Trübsalszeit leben werden. Denn dann wird die Zahl 666 sehr bedeutsam sein, da sie den Antichristen kennzeichnen wird.

In der Heiligen Schrift gibt es manches, das uns auch heute noch ein Geheimnis ist. Gott enthüllt eben alles zu *seiner* Zeit.

Ein Beispiel: Wenn Sie vor 50 Jahren gelebt hätten, hätten Sie bestimmt mit dem Bibelvers „Und jedes Auge wird ihn sehen" (Off. 1,7) nur wenig anfangen können. Heute ermöglichen es die Fernsehsatelliten, Bilder von Ereignissen in die ganze Welt zu übertragen und zu empfangen.

Vor einem halben Jahrhundert wären z. B. auch Massenvernichtungswaffen undenkbar gewesen. Heute lassen die Atom- und Wasserstoffbomben biblische Prophetien von weltweiter Zerstörung gar nicht mehr undenkbar erscheinen, im Gegenteil, es ist eine Möglichkeit, die uns täglich bedroht.

Die gleiche Feststellung werden die Menschen in der Trübsalszeit machen. *Sie* werden das Geheimnis der Zahl 666 erkennen.

Die ersten dreieinhalb Jahre

An dieser Stelle wollen wir die Skizze auf Seite 153 näher betrachten. Sie zeigt uns die Reihenfolge der Ereignisse in der ersten Hälfte der Trübsalszeit.

In den Kapiteln 6-19 des Buches der Offenbarung haben wir eine ausführliche Schilderung dieser Periode.

Die Strafgerichte der ersten 6 Siegel, wie sie bei Matthäus und in der Offenbarung geschildert werden

Matthäus 24	Offenbarung 6
„Es werden viele kommen in meinem Namen und sagen: ich bin der Messias, und werden viele irreführen."	„Und ich sah ein *weißes* Pferd. Der Reiter trug einen Bogen. Ihm wurde der Siegeskranz gereicht. Und er ritt hinaus, um zu siegen."
„Ihr werdet von Kriegen und Kriegslärm hören . . . es wird sich ein Volk gegen das andere empören und ein König-	„Da kam ein *feuerrotes* Pferd. Dem Reiter wurde Macht gegeben, den Frieden von der Erde zu nehmen, so daß die

Matthäus 24	Offenbarung 6
reich gegen das andere.”	Menschen sich gegenseitig mordeten. Es wurde ihm ein großes Schwert gereicht.”
„Es werden erst Hungersnöte hin und her kommen.”	„Und ich sah ein *schwarzes* Pferd. Der Reiter hatte eine Waage in der Hand.”
„. . . und Seuchen . . .”	„Und ich sah ein *fahles* Pferd, und der Reiter hieß Tod, und das Totenreich folgte ihm nach.”
„Dann werden die Menschen schwere Verfolgungen über euch bringen und werden euch töten, ja ihr werdet um meines Namens willen von allen Völkern gehaßt werden.”	„Und als das Lamm das fünfte Siegel öffnete, sah ich unter dem Altar die Seelen derer, die um des Wortes Gottes und um ihres Zeugnisses willen, das sie bewahrt hatten, hingeopfert waren.”
„. . . und Erdbeben . . .”	„Und ich sah, daß das Lamm das sechste Siegel öffnete. Da entstand ein großes Erdbeben, die Sonne wurde schwarz wie in Trauer gehüllt, der Vollmond wurde wie Blut.”

In Offenbarung 6 schildert uns der Seher Johannes, wie Christus auf einem Thron sitzt, in der Hand eine zusammengerollte und versiegelte Buchrolle.

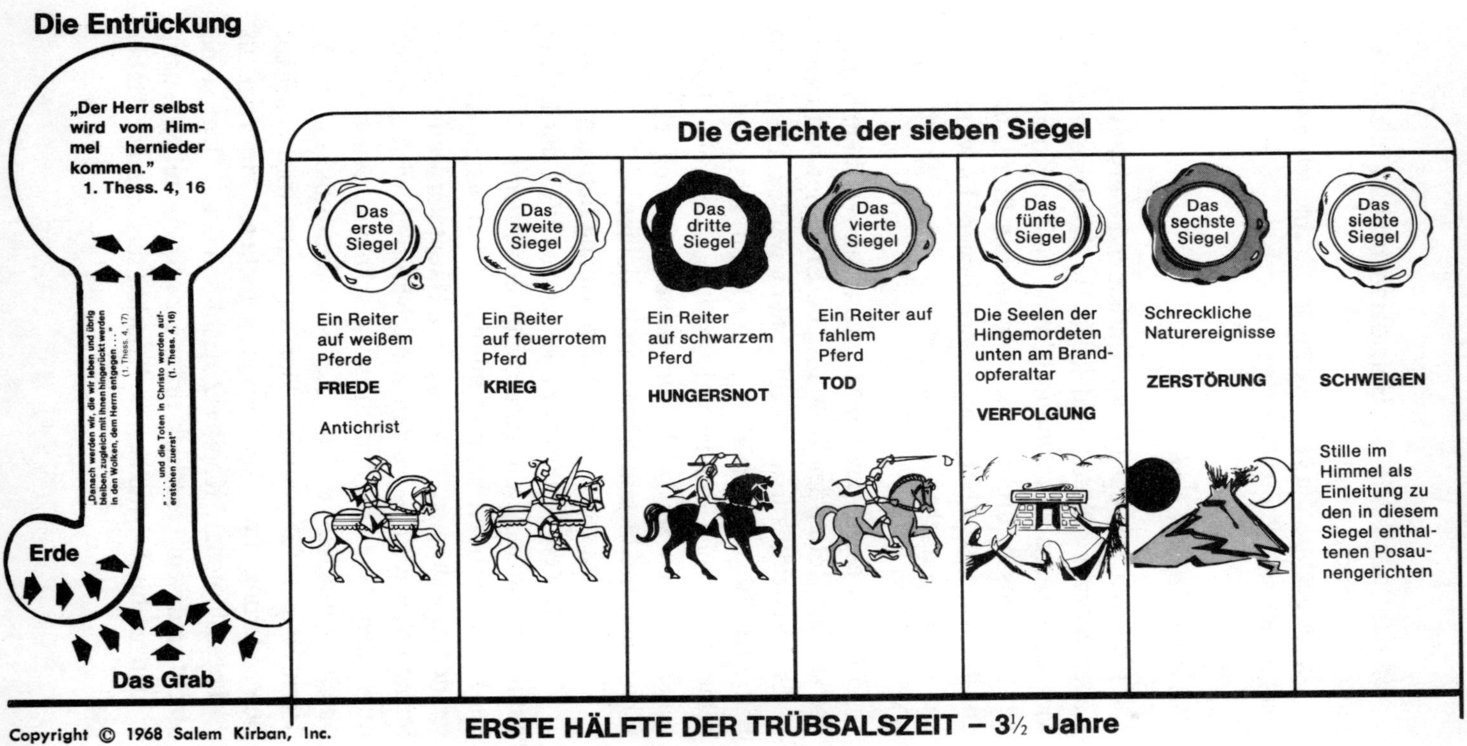
Die Entrückung
„Der Herr selbst wird vom Himmel hernieder kommen."
1. Thess. 4, 16
„Danach werden wir, die wir leben und übrig bleiben, zugleich mit ihnen hingerückt werden in den Wolken, dem Herrn entgegen . . ."
(1. Thess. 4, 17)
„. . . und die Toten in Christo werden auferstehen zuerst"
(1. Thess. 4, 16)
Erde
Das Grab
Die Gerichte der sieben Siegel
Das erste Siegel
Ein Reiter auf weißem Pferde
FRIEDE
Antichrist
Das zweite Siegel
Ein Reiter auf feuerrotem Pferd
KRIEG
Das dritte Siegel
Ein Reiter auf schwarzem Pferd
HUNGERSNOT
Das vierte Siegel
Ein Reiter auf fahlem Pferd
TOD
Das fünfte Siegel
Die Seelen der Hingemordeten unten am Brandopferaltar
VERFOLGUNG
Das sechste Siegel
Schreckliche Naturereignisse
ZERSTÖRUNG
Das siebte Siegel
SCHWEIGEN
Stille im Himmel als Einleitung zu den in diesem Siegel enthaltenen Posaunengerichten
ERSTE HÄLFTE DER TRÜBSALSZEIT – 3½ Jahre

Er sieht dann, wie der Herr damit beginnt, die sieben Siegel des Buches zu lösen.

Damit beginnt die erste Reihe der Strafgerichte Gottes; man nennt sie die Strafgerichte der sieben Siegel.

Das erste Siegel: Friede

„Nun sah ich, wie das Lamm (Christus) das erste von den sieben Siegeln öffnete, und ich hörte das erste von den vier Lebewesen mit Donnerstimme rufen: Komm! Als ich nun hinsah, erblickte ich ein weißes Pferd, und der auf ihm sitzende Reiter hatte einen Bogen. Es wurde ihm ein Kranz gereicht, und er zog aus von Sieg zu Sieg" (Off. 6,1-2).

Gott läßt es zu, daß ein Mann auf die Weltbühne tritt, der sich als Retter der Welt ausgibt. Er ist der Antichrist.

Er erscheint zunächst auf einem weißen Pferd und hält einen Bogen ohne Pfeil in der Hand. Das deutet auf seine anfängliche Friedensmission hin. Die weiße Farbe seines Pferdes soll wohl auf seine angeblich heiligen, reinen und friedlichen Absichten hindeuten.

Und so wird das Drama seinen Anfang nehmen.

Zu jener Zeit wird man in der ganzen Welt der Kriege endlich müde sein; alle suchen nun den Frieden.

Die Trübsalszeit beginnt mit dem öffentlichen Auftreten des Antichristen, den man zum Haupt der Vereinigten Staaten von Europa wählen wird. Natürlich wird er nicht unter dem Namen „Antichrist" erscheinen. Auch ist es durchaus möglich, daß der Zehn-Staaten-Bund einen anderen Namen führen wird. Der Antichrist wird allseitige Bewunderung und Verehrung genießen, wie man in 2. Thessalonicher, Kapitel 2 nachlesen kann. Um seine Macht und sein Geschick unter Beweis zu stellen, sucht er den arabisch-israelischen Konflikt beizulegen. Dabei stellt er sich auf die Seite der Israelis und unterstützt deren Ansprüche auf das Territorium Palästinas gegenüber Rußland, das in der Schrift Nordbund genannt wird. Der Nordbund ergreift die Partei der Araber.

Dieser Nordbund findet sich in Hesekiel 38,1-39,16.

Gott hat nicht alle Einzelheiten und den genauen zeitlichen Ablauf der Geschehnisse geoffenbart, aber man kann doch annehmen, daß zu dem Zeitpunkt, wenn sich die Vereinigten Staaten von Europa einmal offen im Nahost-Konflikt auf die Seite der Israelis stellen werden (um einen russischen Einfall zu verhindern), die Entrückung nicht mehr fern sein kann. Die Ereignisse der Trübsalszeit stehen dann unmittelbar bevor.

Das zweite Siegel: Krieg

„Als das Lamm (Christus) hierauf das zweite Siegel öffnete, hörte ich das zweite Lebewesen rufen: ‚Komm!' Da kam ein anderes Pferd, ein feuerrotes, zum Vorschein; dem auf ihm sitzenden Reiter wurde die Macht verliehen, den Frieden von der Erde wegzunehmen und die Menschen dahin zu bringen, daß sie einander niedermetzelten; und es wurde ihm ein großes Schwert gereicht" (Off. 6,3-4).

Bei der Öffnung des zweiten Siegels erscheint ein feuerfarbenes Pferd; es bedeutet *Krieg.*

Zum besseren Verständnis dieser Prophetie müssen wir uns etwas mit dem Buch Daniel beschäftigen; nur so können wir die Israel betreffenden künftigen Ereignisse recht verstehen. In Daniel, Kapitel 2 wird erzählt, wie der König von Babylon, Nebukadnezar, einen Traum hatte, in dem er ein großes Standbild schaut. Als er sich nach dem Erwachen an nichts mehr erinnern kann, ruft er seine Weisen und Zauberer zusammen und fordert sie auf, ihm den Traum zu erzählen und zu deuten. Sie versagen dabei kläglich. Schließlich erklärt Daniel das Gesicht und gibt auch die Deutung. Er leitet seine Worte folgendermaßen ein:

„Es gibt einen Gott im Himmel, welcher Geheimnisse enthüllt; dieser hat dem König Nebukadnezar kundgetan, was in der Endzeit geschehen wird" (Dan. 2,28).

Daniel gibt also zunächst Gott für die ihm zuteil gewordene Erkenntnis voll die Ehre; dann weist er auf den endzeitlichen Charakter des Traumes hin.

Nebukadnezar hatte im Traum eine Bildsäule von außergewöhnlicher Schönheit gesehen. Das *Haupt* des Standbildes war aus *Gold, Brust* und *Arme* aus *Silber,* der *Unterleib* und die *Hüften* von *Kupfer,* die *Beine* von *Eisen,* die *Füße* teils von *Eisen,* teils von *Töpferton.*

Die vier Metalle, aus denen das Standbild bestand, bedeuten vier Weltreiche, die über die Juden und ihr Land nacheinander herrschen würden.

Das erste Weltreich hat ein Haupt von Gold. Es ist das neubabylonische Reich mit seinem König Nebukadnezar (606 v. Chr.). Babylon war die erste Weltmacht, welche die Juden beherrschte.

Das zweite Weltreich besitzt Brust und Arme aus Silber. Es ist das medopersische Reich, das durch die Vereinigung der Meder und Perser zustande gekommen war. Diese Weltmacht zerschlug im Jahre 536 die Herrschaft der Babylonier. Dadurch geriet auch Palästina in ihren Einflußbereich.

Vers 39 spricht von einem dritten Weltreich, das aus Kupfer besteht. Aus der Geschichte wissen wir, wie Alexander das medopersische Doppelreich zerschlug (336-322 v. Chr.) und die griechische Machtstellung auf alle ehemaligen Gebiete, die einst Babylon und Medopersien gehört hatten, ausweitete.

Das vierte Weltreich wird im Vers 40 beschrieben. Von

ihm heißt es, es sei „stark wie Eisen". Es ist das Römische Reich, das die Herrschaft der Griechen antrat. Rom wurde zur vierten Weltmacht.

Vier Weltreiche herrschten also nacheinander über die Juden in Palästina. Das vierte dieser Mächte wird besonders hervorgehoben. Es ist stark wie Eisen. Die Römer waren in der Tat das mächtigste und einflußreichste Volk der Vergangenheit.

Was bedeutet es nun, daß die Füße des großen Standbilds teils aus Eisen, teils aus Töpferton bestehen? Damit wird auf den langsamen Niedergang des Römischen Reiches hingewiesen. Die 10 Zehen der Füße bedeuten 10 Reiche, in die es am Ende zerfallen wird (Dan. 2, 41-44).

Ein in zehn Staaten zerfallenes Reich ist schwach. Rom war zu Anfang stark „wie Eisen", wurde aber nach und nach von innen und außen immer mehr geschwächt, so daß Daniel seinen Zusammenhalt mit der Zerbrechlichkeit von Töpferton vergleichen kann.

Die zehn Staaten der Endzeit werden also ohne festen inneren Zusammenhalt sein.

Schon heute sieht man, wie schwer die westeuropäischen Völker in der Frage eines vereinten Europa auf einen Nenner zu bringen sind. Frankreich möchte keine deutsche Oberherrschaft und Frankreich ist auch gegen eine führende Rolle Englands in einem künftigen geeinten europäischen Staat usw.

Man beachte auch folgendes: Palästina ist seit seiner Eroberung durch die Römer im Jahre 63 v. Chr. nie von einer Macht außerhalb der Grenzen des Römischen Reiches regiert worden. Sogar zur Zeit der Moslemherrschaft im Mittelalter und unter der späteren Herrschaft der türkischen Seljuken wurde das Land immer von einem Ort innerhalb der alten Landesgrenzen des Römischen Reiches von 117 n. Chr. verwaltet. Wir haben bereits betrachtet, daß die 10 Staaten des ehemaligen Römischen Reiches dereinst zusammengehen und einen Mann zu ihrem Herrscher machen werden, den Antichristen (Off. 17, 12). Dieser Staatenbund wird durch *allseitige Zustimmung* der betreffenden Staaten entstehen.

Das einigende Band wird die gemeinsame kommunistische Bedrohung aus dem Osten sein.

Die Nordatlantische Verteidigungsgemeinschaft (NATO) sowie die Schaffung eines Gemeinsamen Marktes (EWG) waren bereits Schritte auf diesem Weg.

Das Endziel ist die volle Vereinigung; das meint die Bibel, wenn sie von den 10 Königen spricht.

Betrachten wir im Licht obiger Ausführungen noch einmal die Ereignisse, die durch die Öffnung des zweiten Siegels ausgelöst werden.

„Da kam ein feuerrotes Pferd. Dem Reiter wurde Macht gegeben, den Frieden von der Erde zu nehmen, so daß die Menschen sich gegenseitig mordeten. Es wurde ihm ein großes Schwert gereicht" (Off. 6, 4).

Worum wird es in dem Streit der Vereinten europäischen Staaten mit Rußland gehen?

Das Streitobjekt wird Palästina, genauer gesagt, Israel, heißen.

Warum sollte Rußland einen Einfall in Israel planen? Der Prophet Hesekiel gibt uns die Antwort: „Du wirst nämlich denken: Ich will zu Felde ziehen gegen das Land, das offen daliegt . . . Ich will Beute machen und schonungslos gegen sie vorgehen" (Hes. 38, 11-12).

Rußland möchte in den Besitz der großen Vorräte an mineralischen Stoffen im Toten Meer gelangen. Man schätzt, daß sich dort genug Pottasche befindet, um 2000 Jahre lang den gesamten Weltbedarf zu decken.

Vielleicht stellt sich hier die Frage, was in aller Welt ist Pottasche, und warum ist sie so wertvoll?

Pottasche dient als Düngemittel. Ohne sie ist kein pflanzliches und tierisches Leben möglich. Die Welt der Endzeit, in der überall Nahrungsmittelknappheit herrscht, bedarf dringend neuer Anbauflächen, die es aber nur geben kann, wenn genügend Düngemittel zur Verfügung stehen.

In einem weiteren Kapitel werden wir noch näher auf die Rolle Rußlands in diesem Konflikt eingehen, wenngleich uns auch hier die Schrift nicht alle Einzelheiten liefert.

Hier genüge der Hinweis, daß zu den kriegerischen Ereignissen des zweiten Siegels auch ein gewaltsamer Einfall Rußlands in Palästina gehört.

Der Nordbund wird mit einem großen Heer in Israel einmarschieren. Doch zum kriegerischen Zusammenstoß wird es nicht kommen. Gott selber wird eingreifen und durch Erdbeben und sonstige Plagen derartige Verwirrung unter den feindlichen Soldaten stiften, daß „sich das Schwert eines jeden gegen den anderen kehren wird" (Hes. 38, 18-22; 39, 2-4).

Das dritte Siegel: Hungersnot

„Da erschien vor meinen Augen ein schwarzes Pferd, dessen Reiter eine Waage in der Hand hielt" (Off. 6, 5).

Nachdem das dritte Siegel geöffnet ist, schaut der Seher Johannes ein schwarzes Pferd. Sein Reiter hält eine Waage in der Hand. Damit ist die Hungersnot gemeint, die sich einstellen wird. In kriegerischen Zeiten werden nur selten die Felder bestellt; die meisten Männer sind eingezogen. Außerdem lohnt sich die Landarbeit nicht mehr, da plündernde und raubende Soldaten ja doch die Ernteerträge zunichte machen. Überall herrscht Knappheit an Nahrungsmitteln (Matth. 24, 7).

Das vierte Siegel: Tod

„Als das Lamm dann das vierte Siegel öffnete . . . erblickte ich ein fahles Pferd, und der auf ihm sitzende Reiter hieß ‚der Tod', und das Totenreich bildete sein Gefolge; es wurde ihm Macht über den vierten Teil der Erde gegeben, die Menschen durch Schwert und Hunger, durch Pest und durch die wilden Tiere der Erde zu Tode zu bringen" (Off. 6, 7-8).

Der vierte Reiter sitzt auf einem fahlen Pferd und wird „der Tod" genannt. Das bedeutet, daß mit der Öffnung des vierten Siegels schreckliche Leiden über die Menschheit kommen. Ein Viertel der Erdbewohner wird dabei durch Schwert, Hunger und Pest umgebracht.

Ausgehend von der heutigen Bevölkerungszahl bedeutet das den Tod von 750 Millionen Menschen.

Eine andere Auslegung wäre die, daß mit „ein Viertel der Erde" der vierte Teil der Erdoberfläche gemeint ist, über die der vierte Reiter Tod und Verderben bringen kann. Aber auch in diesem Falle wären Millionen und Abermillionen Menschen betroffen.

Das fünfte Siegel: Verfolgung

„Als das Lamm dann das fünfte Siegel öffnete, sah ich unten am Brandopferaltar die Seelen derer, die hingemordet worden waren wegen des Wortes Gottes und um des Zeugnisses willen, das sie besaßen" (Off. 6, 9).

Von der Verfolgung und dem Tod der Zeugen Jesu während der Trübsal handelt das Bild, das sich nun nach Lösung des fünften Siegels darbietet. Seit Beginn der Trübsalszeit sind manche zum Glauben gekommen. An diesen Jüngern Jesu will sich der Antichrist nun rächen, indem er sie für die Strafgerichte, unter denen die Menschheit leidet, verantwortlich macht.

Das sechste Siegel: Schreckliche Katastrophen

„Als das Lamm das sechste Siegel öffnete, da entstand ein gewaltiges Erdbeben; die Sonne wurde schwarz wie ein härenes Sackkleid, und der Mond wurde wie Blut; die Sterne des Himmels fielen auf die Erde . . . Der Himmel verschwand . . . und alle Berge und Inseln wurden von ihrer Stelle weggerückt. Und die Könige der Erde, die Würdenträger und obersten Heerführer, die Reichen und Mächtigen, alle Sklaven und Freien verbargen sich in den Höhlen und zwischen den Felsen der Gebirge und riefen den Bergen und Felsen zu: 'Fallet auf uns . . .'" (Off. 6, 12-16).

Die Lösung des sechsten Siegels bewirkt eine gewaltige Erschütterung des ganzen Kosmos. Die Naturgewalten geraten so sehr aus den Fugen, daß man sich in den Höhlen und Felsklüften der Berge verbirgt und den Tod herbeisehnt, um den furchtbaren Katastrophen zu entgehen.

Es geschieht ein großes Erdbeben, die Sonne wird schwarz wie ein härenes Gewand, der Mond wird wie Blut und Sterne (Meteore) fallen vom Himmel. Die Berge bewegen sich wie Figuren auf einem Schachbrett.

Ehe der weitere Ablauf der Strafgerichte geschildert wird, sieht der Seher Johannes ein Bild von der Versiegelung der 144 000 Kinder Israel. 12 000 aus jedem der 12 Stämme erhalten auf ihre Stirn ein Schutzmal, das Siegel Gottes.

„Und weiter sah ich einen anderen Engel von Sonnenaufgang her emporsteigen, der ein Siegel des lebendigen Gottes hatte; der rief den vier Engeln, denen der Auftrag erteilt war, Unheil auf der Erde und auf dem Meer anzurichten, mit lauter Stimme die Worte zu: 'Richtet kein Unheil auf der Erde und auf dem Meer und an den Bäumen an, bis wir die Knechte unseres Gottes (144 000 Juden) mit einem Siegel auf ihrer Stirn bezeichnet haben'" (Off. 7, 2-3).

Dieses Siegel darf nicht mit dem Mal des Tieres (Antichrist) verwechselt werden, das die Ungläubigen an ihrer Hand oder Stirn tragen. Hier handelt es sich um ein Zeichen Gottes, das seine auserwählten Zeugen in der Trübsalszeit kennzeichnen soll. Weder Satan noch Antichrist vermögen sie von ihrem Zeugendienst für Christus abzuhalten.

Nur Angehörige der 12 Stämme Israel werden zu den 144 000 Versiegelten gehören. Gegenwärtig leben sie unerkannt unter den Völkern verstreut. Gott wird sie am Ende zusammenführen, damit sie als seine Zeugen in der Trübsal auftreten.

In Offenbarung 7, 4-8 stehen die Namen der 12 Stämme verzeichnet:

„Da vernahm ich die Zahl der Versiegelten, nämlich 144 000 Versiegelte aus allen Stämmen der Israeliten:
aus dem Stamme Juda 12 000 Versiegelte
aus dem Stamme Ruben 12 000 Versiegelte
aus dem Stamme Gad 12 000 Versiegelte
aus dem Stamme Asser 12 000 Versiegelte
aus dem Stamme Naphtali 12 000 Versiegelte
aus dem Stamme Manasse 12 000 Versiegelte
aus dem Stamme Simeon 12 000 Versiegelte
aus dem Stamme Levi 12 000 Versiegelte
aus dem Stamme Isaschar 12 000 Versiegelte
aus dem Stamme Sebulon 12 000 Versiegelte
aus dem Stamme Joseph 12 000 Versiegelte
aus dem Stamme Benjamin 12 000 Versiegelte."

Die 144 000 versiegelten Juden genießen auf übernatürliche Weise den Schutz Gottes und versehen kühn ihren Zeugendienst. Durch ihre Verkündigung der Frohen Botschaft sowie durch das Wirken der zwei Zeugen von Offenbarung 11 wird eine große Zahl aus allen Völkerschaften, Stämmen, Völkern und Sprachen errettet (Off. 7, 9).

Das siebte Siegel: Schweigen

„Als das Lamm dann das siebte Siegel öffnete, trat eine Stille im Himmel ein, wohl eine halbe Stunde lang" (Off. 8, 1).

Jetzt löst das Lamm das letzte der sieben Siegel, und es tritt eine große Stille im Himmel ein in Erwartung dessen, was nun kommen muß.

Mit der Lösung des letzten Siegels scheint die erste Hälfte der Trübsal vorüber zu sein; es ist für weite Teile der Welt eine Zeit der Schrecken und Katastrophen.

Für Palästina dagegen sind es Jahre der relativen Ruhe. Die Juden sind immer noch arglos und schauen voller Verehrung zu ihrem falschen Messias, dem Antichristen auf, dem sie ihre derzeitige Sicherheit verdanken. Der Friede wird jedoch nicht lange währen, denn die zweite Hälfte der Trübsal beginnt mit Furcht und Schrecken. Nur zu bald müssen sie erkennen, daß sie dreieinhalb Jahre lang in falscher Sicherheit gewiegt worden sind.

9

FURCHT UND SCHRECKEN

Die ersten dreieinhalb Jahre der Trübsalszeit werden den Bewohnern Israels wie der Himmel auf Erden vorkommen. Endlich sind sie wieder in dem Land ihrer Väter versammelt; der Antichrist hat das Land befriedet und schützt es vor den drohenden Heeren Rußlands und seiner Verbündeten.

Jerusalem gehört zu den blühendsten Städten der Welt und ist pulsierender Mittelpunkt des Handels, der Mode und des weltlichen Lebens.

Alle Zukunftsträume scheinen in Erfüllung zu gehen. Die Hoffnungen auf einen endgültigen Frieden in der Welt scheinen durch den Führer des europäischen Zehn-Staaten-Bundes keineswegs mehr utopisch, sondern man wähnt sich schon kurz vor dem Ziel.

Aber es wird alles ganz anders kommen, als man es sich gedacht hat.

Was wird geschehen? Warum läßt Gott eine Trübsalszeit zu?

Schon im Alten Testament wird das Volk der Juden von seinen Propheten Jesaja, Daniel und Jeremia vor einer kommenden Zeit sehr großer Bedrängnisse gewarnt. Im Neuen Testament spricht der Herr Jesus selbst von jenen kommenden Ereignissen und sagt ihnen, was dann zu tun sei.

„Ich bin gekommen in meines Vaters Namen und ihr nehmt mich nicht an. Ein anderer wird in seinem eigenen

Namen kommen, den werdet ihr annehmen" (Joh. 5, 43).

Jesus wurde von seinem Vater in die Welt gesandt.

„Denn ich bin vom Himmel gekommen, nicht, daß ich meinen Willen tue, sondern den Willen des, der mich gesandt hat. Das ist aber der Wille des Vaters, der mich gesandt hat, daß ich nichts verliere von allem, was er mir gegeben hat, sondern daß ich's auferwecke am Jüngsten Tage" (Joh. 6, 38-39).

Jesus gab alle Ehre seinem himmlischen Vater.

„Und siehe, einer trat zu ihm und sprach: 'Meister, was soll ich Gutes tun, daß ich das ewige Leben gewinne?'

Er aber sprach zu ihm: 'Was heißest du mich gut? Niemand ist gut denn der einige Gott. Willst du aber zum Leben eingehen, so halte die Gebote'" (Matth. 19, 16-17).

„Tue ich sie aber, so glaubet doch den Werken, wollt ihr mir nicht glauben, auf daß ihr erkennet und glaubet, daß der Vater in mir ist und ich in ihm" (Joh. 10, 38).

Jesus spricht die deutliche Mahnung aus, daß in seinem Namen einer kommen wird, der für sich göttliche Ehren beansprucht.

Nun, in der zweiten Hälfte der Trübsal wird der Mensch der Sünde, der Antichrist, sein wahres Gesicht offen zeigen. Er ist Satan in Menschengestalt.

„Seine Macht wird gewaltig sein, aber nicht durch seine eigene Macht; er wird außerordentliches Unheil anrichten, und seine Unternehmungen werden Erfolg haben; er wird Mächtige und auch das Volk der Heiligen in's Verderben stürzen" (Dan. 8, 24). Darin liegt das Hauptbestreben des Teufels.

„Darum freuet euch, ihr Himmel, und die ihr in ihnen wohnt! Wehe aber der Erde und dem Meer! Denn der Teufel ist nun zu euch hinabgekommen und hegt gewaltige Wut, weil er weiß, daß seine Zeit nur noch kurz bemessen ist" (Off. 12, 12).

Darauf hatte er seit vielen tausend Jahren hingewirkt.

„Oh, wie bist du vom Himmel gefallen, du Glanzgestirn, Sohn der Morgenröte! Wie bist du zu Boden geschmettert, du Besieger der Völker, du dachtest in deinem Sinn: 'In den Himmel will ich hinaufsteigen, hoch über den Sternen Gottes meinen Thron aufrichten, will auf dem Berge der Zusammenkunft mich niederlassen im äußersten Norden!

Ich will über die Wolkenhöhen hinauffahren, will mich dem Höchsten gleichmachen!'" (Jes. 14, 12-14).

Salomo hatte einst auf dem Berge Morija dem Herrn einen Tempel gebaut. Bei der Tempelweihe hatte die Herrlichkeit des Herrn mit einer Wolke das ganze Haus erfüllt. Dieser Tempel war der Ort der wahren Anbetung Jahwes, des Gottes Israels. Allein den Israeliten hatte sich Jahwe in besonderer Weise geoffenbart.

Satan, der große Nachahmer Gottes wird es in der Endzeit dahin bringen, daß die Juden ihren Tempel wieder aufbauen und die heilige Stätte zur Götzenanbetung mißbrauchen. Der Antichrist wird nämlich dort ein Standbild errichten lassen, dem sie göttliche Verehrung erweisen sollen.

Jesus Christus sagte: „Ich bin im Namen meines Vaters gekommen, und ihr nehmt mich nicht an; wenn ein anderer in seinem eigenen Namen kommt, den werdet ihr annehmen" (Joh. 5, 43).

Immer wieder haben die Propheten des Alten Testaments wie Daniel, Jesaja, Jeremia und zuletzt auch Jesus Israel vor diesem Tag des Abfalls gewarnt.

Der Prophet Jeremia zum Beispiel spricht von einer Zeit der Not für Israel und sagt: „Wehe! Denn groß ist jener Tag, ohnegleichen, und es ist eine Zeit der Drangsal für Jakob; doch wird er aus ihr gerettet werden" (Jer. 30, 7).

Es besteht kein Zweifel an der buchstäblichen Erfüllung solcher Ankündigungen.

Der Antichrist wird an die Macht gelangen und der Tempel in Jerusalem neu errichtet werden.

Am Ende wird sich Israel weigern, Satan als seinen Gott anzubeten und damit ein großes Blutbad heraufbeschwören. Das „Haus Jakob" (Israel) wird in große Drangsal geraten.

Gott hat sowohl den Juden als auch den anderen Völkern Zeichen gesetzt, die auf die Endzeit hindeuten; leider beachtet man sie kaum, ja macht sich darüber lustig. Kein Wunder, daß Jesus die Warnung ausspricht:

„Denn wie es einst in den Tagen Noahs gewesen ist, so wird es auch zur Zeit der Wiederkunft des Menschensohnes sein" (Matth. 24, 37).

Aber selbst durch Strafgerichte läßt sich die Welt nicht davon abhalten, Satan anstatt dem wahren Gott die Ehre zu geben.

Das ist die Situation am Ende der ersten Hälfte der Trübsalszeit.

Was tut Gott in Anbetracht von soviel menschlicher Bosheit?

Er verwirklicht weiter seinen Plan mit der Welt. Auch das endzeitliche Geschehen mit seinen Schrecknissen und Plagen dient letztlich dem Ziel der Errichtung seiner Königsherrschaft.

Die endzeitlichen Gerichte werden noch viele Menschen wachrütteln und zum Glauben an Jesus Christus führen. Auch werden die Juden schließlich in Jesus ihren wahren Messias und Herrn erkennen und als Volk Buße tun. Darin liegt der eigentliche Sinn der Trübsal, der „Zeit der Drangsal für Jakob".

Die Rolle Satans in der Trübsalszeit

In den ersten dreieinhalb Jahren der Trübsal haben der Antichrist (Inhaber der weltlichen Gewalt) und der falsche

Prophet (Inhaber der geistlichen Gewalt) die Welt so sehr in Täuschung verstrickt, daß man sie mit göttlichen Ehren überhäuft und für die wahren Friedensbringer hält. Nun ist für Satan der Zeitpunkt gekommen, noch einen Schritt weiter zu gehen und für sich selbst göttliche Anbetung zu fordern.

Wer sich weigert, verfällt der erbarmungslosen Verfolgung und Ächtung.

Jerusalem, die „Stadt des Friedens", war schon oft der Schauplatz blutiger Ereignisse.

Es besteht aber die Verheißung, daß die Stadt in Zukunft einmal nach den Plänen Gottes neu erbaut und erweitert werden wird und dann nie mehr zerstört werden soll.

Die betreffende Stelle findet sich in Jeremia, 31, 38-40.

Dort heißt es: „Wisset wohl: Es kommt die Zeit" – so lautet der Ausspruch des Herrn – „da wird diese Stadt für den Herrn wieder aufgebaut werden vom Turm Hananeel bis zum Ecktor; und weiter wird die Meßschnur geradeaus über den Hügel Gareb fortlaufen und sich dann nach Goah wenden.

Und das ganze Tal der Leichen und der Opferasche und das gesamte Feld bis an den Bach Kidron, bis an die Ecke des Roßtores gegen Osten, wird dem Herrn heilig sein; es wird alsdann nie wieder eingerissen und zerstört werden in Ewigkeit."

Jerusalem ist heute eine moderne Stadt mit etwa 270 000 Einwohnern (200 000 Juden, 70 000 Araber) und erstreckt sich flächenmäßig über mehrere Hügel.

Die eben zitierte Textstelle bezieht sich auf das alte biblische Jerusalem innerhalb der früheren Stadtmauern.

Gegen Osten hin nimmt das Gelände des salomonischen Tempels mit seinen Vorhöfen etwa ein Fünftel der Altstadt ein. Die untere Steinschicht der an den Tempelbezirk angrenzenden Westmauer (Klagemauer) gilt als Überrest einer Mauer, die einst den Tempel Salomos umgab. Die darüberliegenden Schichten stammen vom Tempel des Herodes und darüber befindet sich Mauerwerk aus der Zeit der Türkenherrschaft während des Mittelalters.

Im Mittelpunkt des gesamten Tempelbezirks erhebt sich heute die Omar-Moschee, einst zur Verehrung Mohammeds erbaut. Genau an dieser Stelle oder in unmittelbarer Nähe der islamischen Kultstätte soll einst der jüdische Tempel neu errichtet werden. Im Augenblick würde ein derartiger Plan noch auf unüberwindliche Schwierigkeiten stoßen. Nur künftige tiefgreifende Wandlungen in Nahost können hier eine Lösung bringen.

Die Omar-Moschee, auch Felsendom genannt, gehört zu den drei großen Wallfahrtsstätten des Islam.

Der Wiederaufbau Jerusalems

Unmittelbar nach dem Sechs-Tage-Krieg machte sich der Bürgermeister von Jerusalem, Teddy Kollek, mit ganzer Energie an die Pläne zum Wiederaufbau der Stadt.

Mit Kollek als Bürgermeister untersteht Jerusalem damit zum erstenmal seit seiner Zerstörung durch die Römer im Jahre 70 n. Chr. jüdischer Verwaltung.

Teddy Kollek liebt seine Stadt; für ihn ist es „die Stadt Gottes", für die er große Pläne hegt. Vor allem soll der Tourismus neu angekurbelt werden. Auf dem Ölberg soll ein großes Freilichttheater entstehen, und das alte Judenviertel soll neu gebaut werden.

Kürzlich erklärte Kollek in einem Zeitungsartikel: „Ich schlage vor, daß die Vereinten Nationen Jerusalem zu ihrem Sitz machen. Hier würde der Idee des Friedens am besten Ausdruck verliehen . . . "

Seine Lieblingsidee ist die Errichtung einer „Weltsynagoge" im Judenviertel nahe der Klagemauer.

Eine Zeitschrift brachte vor kurzem einen Bericht über Jerusalem, aus dem zu erfahren war, daß der Auftrag zum Bau einer solchen Synagoge bereits vergeben wurde. Es handelt sich um einen Architekten aus Philadelphia im amerikanischen Bundesstaat Pennsylvanien.

Der Verfasser führte vor kurzem ein Gespräch mit dem israelischen Arbeitsminister Yigal Allon, in dem dieser zum Ausdruck brachte, er unterstütze alle Bestrebungen, Jerusalem zu einer heiligen Stadt für alle Glaubensbekenntnisse zu machen.

Schon siebzehnmal im Laufe seiner Geschichte wurde Jerusalem dem Erdboden gleichgemacht. Heute sehen wir, wie man in Israel bestrebt ist, der Stadt von innen und außen neuen Glanz zu geben.

Wird diese Aufwärtsentwicklung anhalten?

In Jesaja 17, 10-11 lesen wir: „Weil du den Gott deines Heils vergessen und an den Felsen deiner Zuflucht nicht gedacht hast, darum lege immerhin liebliche Pflanzungen an und besetze sie mit fremden Reben.

Laß sie sprossen sogleich an dem Tage, an welchem du sie gepflanzt hast, und bringe deine Pflänzlinge schon am folgenden Morgen zur Blüte. Es fällt doch jegliche Ernte aus am Tage des Wehs und des unheilbaren Schmerzes."

Das ganze Land soll zwar wieder neu aufblühen, aber weil seine Bewohner nicht mehr nach Gott fragen, werden sie kurz darauf eine bittere Ernte einbringen.

Diese Ernte ist die „Zeit der Drangsal Jakobs", das heißt die zweite Hälfte der Trübsalszeit.

Die wahren Ziele des Antichristen

Auch hier können wir aus der Bibel nicht alle Einzelheiten entnehmen. Die im folgenden gegebene Schilderung der Ereignisse scheint sich jedoch in die gegebene Weissagung einzufügen.

Der Antichrist ist das Haupt des westeuropäischen Zehn-Staaten-Bundes. Im arabisch-israelischen Konflikt stellt er sich auf die Seite Israels und unterstützt dessen Anspruch auf Palästina gegenüber den Russen. Rußland ergreift die Partei der Araber. Der Antichrist verbürgt sich für den Schutz der Juden, die daraufhin in noch nie dagewesener Zahl in ihr Land zurückkehren. Allein in Rußland leben heute noch mehr als 2 Millionen Juden.

Danach wird sich Rußland stark genug wähnen und einen bewaffneten Einfall in Israel wagen. Gott läßt das zu, weil er nicht duldet, daß die Juden den Antichristen als Messias anerkannt haben. Jetzt müssen noch einmal viele aus dem Land ihrer Väter fliehen, zwei Drittel der Zurückgebliebenen werden den Tod finden. Wieder wird der Boden des Heiligen Landes vom Blute der Kinder Abrahams getränkt sein.

„'Dann sollen im ganzen Lande' - so lautet der Ausspruch des Herrn - 'zwei Drittel ausgerottet werden und umkommen; der dritte Teil aber soll darin übrigbleiben'" (Sach. 13, 8).

„Und du wirst unter jenen Völkern zu keiner Ruhe kommen, und für deine Fußsohle wird es keine Stätte der Rast geben, sondern der Herr wird dir dort ein immer zitterndes Herz und vor Sehnsucht schmachtende Augen und eine verzweifelte Seele geben.

Dein Leben wird dir an einem Faden zu hängen scheinen, daß du bei Tag und bei Nacht in Angst schwebst und dich deines Lebens nimmer sicher fühlst.

Am Morgen wirst du sagen: 'Ach wäre es doch erst Abend!' und am Abend wirst du wünschen: 'Ach wäre es doch schon Morgen!' infolge der Angst deines Herzens, die du empfinden wirst und infolge des Anblicks der Schrecknisse, die dir vor Augen stehen" (5. Mose 28, 65-67).

Dies ist wahrscheinlich der Zeitpunkt, da Gott eingreifen und Rußland samt seinen Verbündeten vernichten wird, wie es in Hesekiel 38, 1 - 39, 16 geweissagt ist.

Dann treten wohl auch die Vereinten Staaten von Europa in das durch den Ausfall Rußlands entstandene Vakuum. Der Antichrist ist der neue Herrscher der Welt.

Die Rolle der endzeitlichen Weltkirche

Man muß sich immer vor Augen halten, daß nach der Entrückung der Glaubenden die falsche Kirche auf Erden um so stärker wirken kann. Es ist anzunehmen, daß sie sich unter Führung eines falschen Papstes vereinigen wird. Paulus sagt von ihr: „Sie hat wohl den äußeren Schein von Gottseligkeit, aber deren innere Kraft läßt sie nicht erkennen" (2. Tim. 3, 5).

Die heute schon vorhandenen Bestrebungen starker protestantischer Glaubensgemeinschaften, zur Einheit aller Kirchen zu gelangen, wird bis dahin verwirklicht sein. Die so entstehende Welteinheitskirche mit Sitz in Rom wird den Zusammenschluß von 10 demokratischen Mächten zu einem europäischen Bundesstaat bewirken, den sie ganz beherrschen wird. Nach der Vernichtung des Kommunismus durch ein Strafgericht Gottes wird dieses religiöse System alles unter seine Kontrolle bringen. Schließlich wird der europäische Bundesstaat dieses Joch von sich abschütteln und die abgefallene Kirche vernichten (siehe Off. 17, 16).

Wir haben also zuerst die Vernichtung eines riesigen russischen Heeres zu erwarten und dann die Vernichtung der falschen Weltkirche. Jetzt ist für den Antichristen der Weg zur Weltherrschaft frei, die er nun unter der Oberherrschaft Satans ausübt (Off. 13, 7-8).

Die Identitätsmarke eines Delegierten wird in den Kontrollautomaten eingegeben.

Die Parteidelegierten vor dem Kontrollautomaten. Die Erkennungsmarken wurden im allgemeinen um den Hals getragen. Mädchen im Hintergrund hält ihr Abzeichen hoch.

Damit gelangen wir zu den Strafgerichten der sieben Posaunen und der sieben Schalen, wobei eine stete Steigerung der Schrecken und Plagen festzustellen ist.

Das Zeichen des Tieres

In einem der vorigen Kapitel sagten wir, daß der falsche Prophet ein Standbild auf satanische Weise gewissermaßen zum Leben erwecken und zum Reden bringen wird. Dann - so lesen wir in Offenbarung 13, 15 - wird er einen Erlaß herausgeben, der alle mit der Todesstrafe bedroht, die das Bild nicht anbeten. Schon vorher heißt es in Vers 7 des gleichen Kapitels: „Auch wurde ihm gestattet, Krieg mit den Heiligen zu führen und sie zu besiegen; und Macht wurde ihm über alle Stämme und Völker, Sprachen und Völkerschaften verliehen."

Der Antichrist wird also alles unternehmen, die Gläubigen radikal zu vernichten. Wodurch kommt es soweit? Er errichtet ein großes religiöses System, in dem er selber göttliche Verehrung genießt.

„Weiter bringt es alle, die Kleinen wie die Großen, die Reichen wie die Armen, die Freien wie die Sklaven, dazu, sich ein Malzeichen an ihrer rechten Hand oder an ihrer Stirn anzubringen, und niemand soll etwas kaufen oder verkaufen dürfen, der nicht das Malzeichen an sich trägt, nämlich den Namen des Tieres oder die Zahl seines Namens" (Off. 13, 16-17).

Wer es also an jenem Tage wagen sollte, sich das Malzeichen nicht aufprägen zu lassen, der wird wirtschaftlich ruiniert. Niemand darf mehr mit jemandem Handel treiben, der nicht den Namen oder die Zahl des Tieres trägt. Er muß die Folgen seines Ungehorsams gegen die Staatsgewalt mit dem langsamen Hungertod oder mit seiner Hinrichtung durch die Schergen des Regimes bezahlen.

DIE 7 POSAUNENGERICHTE

Die erste Posaune	Die zweite Posaune	Die dritte Posaune	Die vierte Posaune	Die fünfte Posaune	Die sechste Posaune	Zwischen-gesicht	Die siebte Posaune
HAGEL FEUER BLUT	fallender METEOR	fallender STERN	SONNE, MOND, STERNE	HEU-SCHREK-KEN	DAS HEER SATANS	CHRISTUS übernimmt die Königsherrschaft auf Erden	ERD-BEBEN
⅓ der Erde verbrennt ⅓ der Bäume verbrennt Alles Gras verbrennt	⅓ des Meeres wird zu Blut ⅓ der Lebewesen im Meer sterben ⅓ aller Schiffe wird zerstört	⅓ allen Wassers wird vergiftet	⅓ von Sonne, Mond und Sternen verfinstert sich	Heuschrecken verursachen 5 Monate lang Qualen der Menschen	200 Millionen Krieger töten ⅓ der Menschheit	Die beiden Zeugen verkünden die bevorstehende Wiederkunft Christi	7000 Tote in Jerusalem Das Volk flüchtet in's Gebirge
			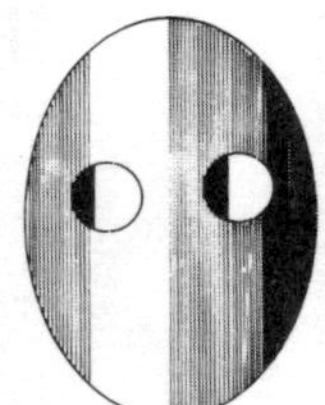				

DIE 2. HÄLFTE (3½ JAHRE) DER TRÜBSALSZEIT

(Continues on to next chart)

Worin das Malzeichen des Antichristen bestehen wird, können wir heute noch nicht sagen.

Vielleicht ist es die Zahl 666, die als Zahl des MENSCHEN im Gegensatz steht zu der vollkommenen Zahl 7. Die Zahl 666 würde dann auf die falsche satanische Dreieinheit hinweisen, die im Widerspruch steht zu der durch die Zahl 777 versinnbildlichten göttlichen Dreieinigkeit. Außerdem ist in diesem Zusammenhang noch interessant, daß der Mensch am sechsten Schöpfungstag geschaffen wurde; ferner lesen wir in Daniel 3, 1-7, wie sich der König Nebukadnezar ein goldenes Standbild errichten ließ, dessen Höhe 60 Ellen und dessen Breite 6 Ellen betrug; 6 Musikinstrumente gaben den Anwesenden das Zeichen zur Anbetung des Bildes.

Das Malzeichen wird wohl auf dem rechten Handrücken angebracht werden, damit man es beim Unterzeichnen geschäftlicher Verträge und bei allen wichtigen Tätigkeiten sehen kann. Sicherlich werden auch die Tageszeitungen jeweils eine Namensliste derer veröffentlichen, die am Vortage wegen Aufruhrs gegen die Staatsgewalt hingerichtet wurden, d.h., weil sie das Malzeichen verweigert haben.

Aus Offenbarung 20, 4 ist zu ersehen, daß man zur Vollstreckung der Todesstrafe wieder das Fallbeil oder ein ähnliches Tötungsinstrument verwenden wird.

Die Schreckensherrschaft des Antichristen wie die Plagen und Gerichte Gottes werden einen erneuten Massenauszug der Juden aus ihrem Lande bewirken. Manche Ausleger nehmen an, daß die Juden ihre Zuflucht in der Stadt Petra nehmen werden. Andere denken eher an eine Flucht in fremde Länder.

Welche Plagen kommen nun in dieser Zeit über die Menschheit? Die Schrift schildert sie uns unter dem Bilde von sieben Posaunenvisionen und sieben Schalenvisionen. Die dort angekündigten Ereignisse folgen einander Schlag auf Schlag.

Zunächst erfolgt das Blasen von sieben Posaunen. Die mit ihnen verbundenen sieben Gerichte wollen wir nun näher betrachten.

Die erste Posaune: Hagel, Feuer, Blut

„Und der erste Engel stieß in die Posaune: Da entstand Hagel und Feuer mit Blut vermischt, und wurde auf die Erde geworfen; da verbrannte der dritte Teil der Erde, und der dritte Teil der Bäume, ebenso alles grüne Gras" (Off. 8, 7).

Hagel und Feuer, vermischt mit Blut, werden auf die Erde geworfen. Ein Drittel der Vegetation verbrennt. Es handelt sich hier um ein Gericht Gottes über die Natur. Gott verflucht die Erde, weil sie Schauplatz der Gesetzlosigkeit der Menschen ist.

Die zweite Posaune: Ein Meteor stürzt auf die Erde

„Der zweite Engel stieß in die Posaune: Da war es, als würde ein großer feuerflammender Berg ins Meer geschleudert; und ein Drittel des Meeres wurde zu Blut, und ein Drittel der Geschöpfe im Meer, die Leben hatten, starb, und ein Drittel der Schiffe ging zugrunde" (Off. 8,8-9).

Beim Blasen der zweiten Posaune fällt vom Himmel eine feurige Masse, also ein glühender Stern, ins Meer, so daß ein Drittel des Meeres sich in Blut verwandelt. Infolgedessen muß ein Drittel aller Lebewesen im Wasser zugrunde gehen, ein Drittel aller Schiffe wird vernichtet.

Die dritte Posaune: Ein Stern stürzt auf die Erde

„Und der dritte Engel stieß in die Posaune: Da fiel ein großer Stern, der wie eine Fackel brannte, vom Himmel herab und fiel auf den dritten Teil der Flüsse und auf die Wasserquellen.

Der Name des Sterns lautet Wermut. So wurde der dritte Teil der Gewässer zu Wermut, und viele Menschen starben von dem Genuß des Wassers, weil es bitter geworden war" (Off. 8,10-11).

Hier haben wir ein ungewöhnliches Naturschauspiel vor Augen. Ein großer flammender Stern fällt vom Himmel, vielleicht ebenfalls ein Meteor. Er hat den Namen „Wermut". Dieser Name soll auf die Wirkung, die er nach sich zieht, hinweisen. Ein Drittel der Flüsse und Quellen wird vergiftet, und viele Menschen sterben.

Die vierte Posaune: Sonne, Mond und Sterne

„Der vierte Engel stieß in die Posaune: Da wurde ein Drittel der Sonne und ein Drittel des Mondes und ein Drittel der Sterne geschlagen, damit der dritte Teil von ihnen sich verfinsterte, und der Tag während des dritten Teils seiner Dauer kein Licht hätte, und die Nacht ebenso" (Off. 8,12).

Mit dem Blasen der vierten Posaune werden die Sonne, der Mond und die Sterne zu einem Drittel verfinstert. In diesen Zusammenhang gehört die bisher noch unerfüllte Prophetie von Lukas 21,25-26: „Dann werden Zeichen an Sonne, Mond und Sternen in Erscheinung treten, und auf der Erde wird Verzweiflung der Völker in ratloser Angst beim Brausen des Meeres und seines Wogenschwalls herrschen, indem Menschen den Geist aufgeben vor Furcht und in banger Erwartung der Dinge, die über den Erdkreis kommen werden; denn sogar die Kräfte des Himmels werden in Erschütterung geraten."

Die folgenden drei Posaunen kündigen noch schrecklicheres Unheil an.

„. . . Wehe, wehe, wehe, den Bewohnern der Erde wegen der noch übrigen Posaunenstöße der drei Engel, die noch blasen werden!" (Off. 8,13).

Die Menschen der Trübsalszeit werden durch vielerlei Plagen getroffen. Sie erleben, wie Hagel und Feuer mit Blut vermischt auf die Erde fällt. Sie sehen, wie ein Drittel aller Bäume verbrennt, sie sehen, wie das grüne Gras verbrennt.

Sie werden Zeuge davon, wie ein Meteor ins Meer stürzt und ein Drittel aller Schiffe vernichtet, ein Drittel des Meeres in Blut verwandelt und ein Drittel aller Lebewesen im Meer tötet.

Ein flammender Stern vergiftet ein Drittel des Trinkwassers auf Erden. Dadurch finden viele tausend Menschen den Tod.

Die Sonne und die übrigen Gestirne werden zu einem Drittel verfinstert, so daß das Tageslicht schwach und trüb wird und die Nacht stockdunkel.

Das ist aber noch nicht das Ende der Schrecknisse. Die folgenden Posaunen kündigen noch eine weitere Steigerung der Katastrophen an, deshalb werden diese 3 letzten Trompetengerichte auch „Wehe" genannt. (Off. 6,13; 9,12; 11,14).

Die fünfte Posaune: Heuschrecken

„Aus dem Rauch kamen dann Heuschrecken hervor auf die Erde; denen wurde eine Kraft gegeben, wie sonst die Skorpione auf Erden sie besitzen.

Und es wurde ihnen geboten, sie sollten dem Gras der Erde, sowie allem Grün und allen Bäumen keinen Schaden zufügen, sondern allein den Menschen, die nicht das Siegel Gottes auf ihrer Stirn trügen.

Weiter wurde ihnen die Weisung gegeben, sie nicht zu töten, sondern sie sollten fünf Monate lang gequält werden;

und die Art der Qual, die sie verursachten, sollte wie die eines Skorpions sein, wenn er einen Menschen sticht.

In jenen Tagen werden die Menschen den Tod suchen, ihn aber nicht finden; sie werden sich danach sehnen zu sterben, aber der Tod flieht vor ihnen hinweg.

Die Heuschrecken aber waren wie Rosse gestaltet, die zum Kampf gerüstet sind; auf ihren Köpfen trugen sie einen Aufsatz wie Kronen von Gold, und ihre Gesichter waren wie die von Menschen.

Haare hatten sie so lang wie Frauenhaare, und ihr Gebiß war wie das von Löwen.

Und sie hatten Brustharnische wie eiserne Panzer, und das Rauschen ihrer Flügel klang wie das Gerassel von Kriegswagen mit vielen Rossen, die in den Kampf stürmen.

Auch haben sie Schwänze, die denen der Skorpione ähnlich sind und Stachel, und in ihren Schwänzen liegt ihre Kraft, den Menschen fünf Monate lang Schaden zuzufügen.

Als König haben sie über sich den Engel des Abgrundes, der auf hebräisch ‚Abaddon', auf griechisch Apollyon (Verderber) heißt.

Das erste Wehe ist vorüber, es kommen aber noch zwei Wehen nach diesem!" (Off. 9,3-12).

Aus den Rauchschwaden, die aus der Tiefe der Unterwelt aufsteigen, lösen sich Heuschreckenschwärme und verbreiten sich über die ganze Erde. Sie überfallen die Menschen, die nicht das Siegel Gottes an ihrer Stirn tragen.

Es klingt wie ein Zukunftsroman: Aber die hier geschilderten Heuschrecken haben offenbar mit den heute bekannten Exemplaren dieser Gattung nichts gemein. Sie sind viel größer, fressen nicht die Vegetation ab, sondern stürzen sich auf die Menschen, denen sie überaus große Qual zufügen, indem sie wie Skorpione stechen. Sie sind von furchterregender Erscheinung.

Die sechste Posaune: Das Heer Satans

„Nun stieß der sechste Engel in die Posaune: da hörte ich aus den vier Hörnern des goldenen Altars, der vor Gott steht, eine Stimme.

Die gebot dem sechsten Engel, der die Posaune hatte: ‚Binde die vier Engel los, die am großen Euphratstrome gefesselt sind!'

Da wurden die vier Engel losgebunden, die auf Stunde und Tag, auf Monat und Jahr in Bereitschaft standen, um den dritten Teil der Menschheit zu töten.

Die Zahl der Scharen des Reiterheeres betrug 200 Millionen - ich hörte nämlich ihre Zahl.

Und wie ich in meinem Gesichte sah, hatten die Rosse und ihre Reiter folgendes Aussehen: sie trugen feuerrote, hyazinthblaue und schwefelgelbe Panzer, und die Köpfe ihrer Rosse waren wie Löwenköpfe, und aus ihrem Maul kam Feuer, Rauch und Schwefel hervor.

Die Kraft dieser Rosse liegt nämlich in ihrem Maul und in ihren Schwänzen; denn ihre Schwänze sehen wie Schlangen aus und haben Köpfe, mit denen sie Unheil anrichten.

Doch die übrigen Menschen, die durch diese Plagen nicht ums Leben gekommen waren, bekehrten sich trotzdem nicht von ihrem gewohnten Tun, daß sie von der Anbetung der bösen Geister, der Götzenbilder von Gold und Silber, von Erz, Stein und Holz, die doch weder sehen, noch hören noch gehen können, abgelassen hätten.

Nein, sie bekehrten sich nicht von ihren Mordtaten und Zaubereien, von ihrer Unzucht und ihren Diebstählen" (Off. 9,13-21).

Auf das Blasen der sechsten Posaune hin erscheint ein riesiges Heer von 200 Millionen Kriegern; sie ziehen über die Erde und verbreiten Tod und Schrecken. Ein Drittel aller Menschen kommt dabei ums Leben.

Manche erheben Zweifel an der riesigen Zahl von 200 Millionen. Handelt es sich hier nicht um eine bildhafte Übertreibung? Vom Stand der Weltbevölkerung aus gesehen, der schon heute bei 3,5 Milliarden liegt, erscheint uns die genannte Zahl durchaus nicht utopisch.

Schon 1961, so schätzt man, verfügte China bei einer Gesamtbevölkerung von 760 Millionen über annähernd 200 Millionen bewaffneter und organisierter Milizsoldaten.

Die größte Armee aller Zeiten soll unter Xerxes gekämpft haben. Bei seinem Einfall in Griechenland verfügte er über 1,5 Millionen Soldaten.

Die vier dämonischen Engelwesen bieten eine gewaltige Streitschar von 200 Millionen Soldaten gegen die Erde auf. Zum Vergleich sei angeführt, daß Amerika auf der Höhe des Zweiten Weltkriegs nur 12 Millionen Männer unter den Waffen hatte.

Die unheimlichen Scharen reiten auf Pferden und erscheinen mit ihren schlangengleichen Schwänzen wie übermenschliche Wesen. Die Bewohner der Erde sind ihnen machtlos ausgeliefert. Man kann sie nicht aufhalten noch besiegen.

Die Heuschreckenplage der fünften Posaunenvision war zwar auch schrecklich, aber immerhin nicht lebensgefährlich. Jetzt gibt es jedoch kein Entrinnen mehr. Ein Drittel der gottlosen Menschen wird dahingerafft. Der Rest verschließt sich weiterhin in Unbußfertigkeit.

Man möchte meinen, daß die Menschen durch die schrecklichen Erfahrungen, durch die sie hindurchgehen mußten, ihr Herz Gott zugewandt hätten, aber sie bleiben weiterhin verstockt.

Schon einmal, vor der Entrückung, waren die Bewohner der Erde vor die Entscheidung „für oder wider Christus" gestellt worden, aber auch damals hatten sie der Lüge mehr geglaubt; so geschieht es auch jetzt wieder.

„Die Not hebt an". Tschechische Frau klagt über den Einmarsch der Russen; in der rechten Hand hält sie das Bild der Reformpolitiker des Landes. „Ihr werdet hören Kriege . . . Das muß zum ersten alles geschehen . . . es wird sich empören ein Volk wider das andere und ein Königreich wider das andere . . . Da wird sich allererst die Not anheben . . . Und es werden sich viele falsche Propheten erheben und werden viele verführen" (Matth. 24, 6-8, 11).

Unter Zugrundelegung der derzeitigen Weltbevölkerungsquote von dreieinhalb Milliarden Menschen kämen also bei der sechsten Posaunenplage mehr als eine *Milliarde Menschen* ums Leben. Aber selbst wenn dieses Gericht nur über einen einzigen Erdteil erginge und ⅓ seiner Bewohner hinwegraffte, die Zahlen gingen dennoch in die Millionen.

Die beiden Zeugen

In Offenbarung 11,3-6 lesen wir: „Doch meinen zwei Zeugen will ich verleihen, daß sie, in Säcke gekleidet, 1260 Tage lang prophetisch reden.

Diese sind die zwei Ölbäume und die zwei Leuchter, die vor dem Herrn der Erde stehen.

Und wenn jemand sich an ihnen vergreifen will, so geht Feuer aus ihrem Munde hervor und verzehrt ihre Feinde; und wenn jemand sich an ihnen vergreifen will, muß er auf diese Weise um's Leben kommen.

Diese haben die Macht, den Himmel zu verschließen, damit kein Regen während der Tage ihrer prophetischen Rede falle; darum haben sie die Macht über die Gewässer, sie in Blut zu verwandeln und die Erde mit Plagen jeder Art zu schlagen, sooft sie wollen."

Zwei Zeugen treten mit prophetischem Auftrag auf und richten dreieinhalb Jahre lang ihre Botschaft aus. Wie einst der Prophet Elia durch sein Gebet den Himmel verschließen konnte, so daß 42 Monate (also dreieinhalb Jahre) lang Dürre herrschte, so besitzen auch die beiden Zeugen die Macht, Regen oder Trockenheit über das Land kommen zu lassen. An Mose erinnert die ihnen verliehene Gewalt, Wasser in Blut zu verwandeln. Sie können auf das Land Plagen kommen lassen, so oft es ihnen beliebt.

Die beiden Zeugen sind also wohl Mose und Elia, die in der Trübsalszeit als prophetische Bußprediger wieder-

Dieses Kind weiß noch nichts vom Elend eines arabischen Flüchtlings und schläft ruhig in den Armen seines Großvaters. In der zweiten Hälfte der Trübsalszeit werden auch die Juden das Flüchtlingselend am eigenen Leib kennenlernen.

kehren werden. 1260 Tage (dreieinhalb Jahre) besitzen sie die Gewalt, ihre Feinde durch Feuer zu vernichten, das aus ihrem Munde fährt. Am Ende ihrer Wirksamkeit werden sie getötet und ihre Leichname dreieinhalb Tage lang in Jerusalem öffentlich zur Schau gestellt. Nach dieser Frist werden sie auferstehen und gen Himmel fahren" (Off. 11,11-12).

Die siebte Posaune: Erdbeben

„Nun stieß der siebte Engel in die Posaune: Da ließen sich laute Stimmen im Himmel vernehmen, die riefen: ‚Die Königsherrschaft dieser Welt ist an unseren Herrn und seinen Gesalbten gekommen, und er wird fortan als König in alle Ewigkeit herrschen!'" (Off. 11,15).

„Da tat sich der Tempel Gottes im Himmel auf, und die Lade seines Bundes wurde in seinem Tempel sichtbar; zugleich erfolgten Blitze und Stimmen, Donnerschläge, ein Erdbeben und gewaltiger Hagelschlag" (Off. 11,19).

Ehe die siebte Posaune ertönt, werden die zwei Zeugen in den Himmel aufgenommen; gleichzeitig ereignet sich ein schreckliches Erdbeben, das den zehnten Teil der Stadt Jerusalem dem Erdboden gleichmacht und 7000 Tote fordert. Die Überlebenden der Stadt geben dem Herrn die Ehre (Off. 11,13).

Dann wird die siebte Posaune geblasen. Stimmen vom Himmel künden den Beginn der Königsherrschaft Christi auf Erden an, die von ewiger Dauer sein wird. Dann öffnet sich der Himmel, Blitze zucken, Donner grollen, es erfolgt ein gewaltiger Hagelschlag, und die Erde wird von einem gewaltigen Erdbeben erschüttert.

Nun beginnt die furchtbarste Periode der Trübsalszeit. Sieben Schalen des Zornes Gottes werden auf die Erde ausgegossen. Jede enthält eine furchtbare Plage.

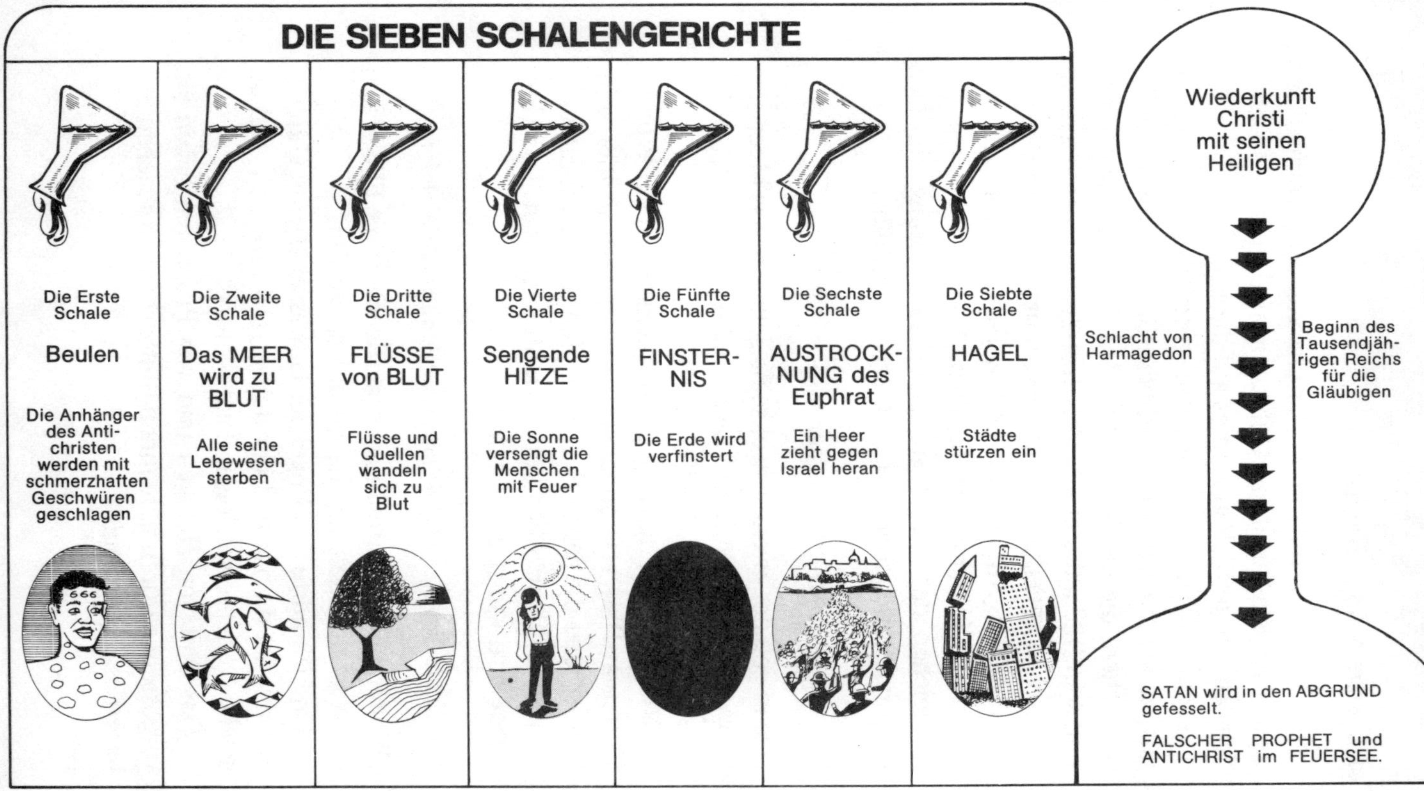

FORTSETZUNG DER ZWEITEN HÄLFTE ($3\frac{1}{2}$ JAHRE) DER TRÜBSALSZEIT

Die erste Schale: Beulen

„Nun hörte ich eine laute Stimme aus dem Tempel den sieben Engeln zurufen: ‚Gehet hin und gießt die sieben Schalen des göttlichen Zornes auf die Erde aus!'

Da ging der erste hin und goß seine Schale auf die Erde aus; da kamen schlimme und bösartige Geschwüre an die Menschen, die das Malzeichen des Tieres an sich trugen und sein Bild anbeteten" (Off. 16,1-2).

Nach Ausgießung der ersten Zornesschale werden alle Anhänger des Antichristen und des falschen Propheten von bösartigen Geschwüren befallen. Vielleicht besteht das Malzeichen des Tieres aus einer Tätowierung, die sich entzündet und zu bösartigen Geschwüren führt.

Die zweite Schale: Das Meer wird zu Blut

„Dann goß der zweite Engel seine Schale in das Meer aus; da wurde es zu Blut, wie Leichenblut, und alle lebenden Wesen im Meer starben" (Off. 16,3).

Wie sich einst die Wasser Ägyptens durch ein Wunder Gottes in Blut verwandelten, so wird es auch hier sein. Nur ist jetzt die ganze Erde betroffen. Überall fordert der Tod seine Opfer. Alles Leben im Meer erlischt. Das Meer selbst wird wie „Leichenblut".

Die dritte Schale: Flüsse und Quellen wandeln sich in Blut

„Weiter goß der dritte Engel seine Schale in die Flüsse und die Wasserquellen aus; da wurden sie zu Blut.

Und ich hörte den Engel der Gewässer sagen: ‚Gerecht bist du, der du bist und der du warst, du Heiliger, daß du solche Gerichte vollzogen hast!

Das Blut von Heiligen und von Propheten haben sie vergossen; dafür hast du ihnen Blut zu trinken gegeben: sie haben es so verdient.'

Und ich hörte eine Stimme vom Altar her sagen: 'Ja Herr, allmächtiger Gott, wahrhaftig und gerecht sind deine Gerichte!'" (Off. 16, 4-7).

Alle Quellen, Flüsse, und sogar das Meer werden zu Blut. Der Durst nimmt überhand, weil nirgends mehr Trinkwasser zu finden ist. Fürwahr schreckliche Zeiten!

Die vierte Schale: Die Sonne versengt die Menschen

„Hierauf goß der vierte Engel seine Schale auf die Sonne aus; da wurde ihr die Kraft verliehen, die Menschen mit Feuerglut zu versengen.

So wurden denn die Menschen von gewaltiger Glut versengt, lästerten aber trotzdem den Namen Gottes, der die Macht über diese Plagen hat, und bekehrten sich nicht dazu, ihm die Ehre zu geben" (Off. 16, 8-9).

Hier wird geschildert, wie die Sonneneinstrahlung auf Erden derart zunimmt, daß die Menschen die Hitze kaum noch zu ertragen vermögen. Sie werden „von gewaltiger Glut versengt". Aber auch jetzt zeigt sich noch kein Sinneswandel, im Gegenteil: Man flucht Gott.

Die fünfte Schale: Die Erde wird verfinstert

„Nun goß der fünfte Engel seine Schale auf den Thron des Tieres aus; da wurde sein Reich verfinstert, und die Menschen zerbissen sich die Zungen vor qualvollem Schmerz.

Sie lästerten aber trotzdem den Gott des Himmels wegen ihrer qualvollen Schmerzen und wegen ihrer Geschwüre und bekehrten sich nicht von ihrem bösen Tun" (Off. 16, 10-11).

Das fünfte Gericht ergeht über den Thron des Antichristen, dessen Reich verfinstert wird wie einst das Land des Pharao. Man beißt sich auf die Zunge und flucht dem Gott des Himmels wegen dieser Plage.

Die sechste Schale: Austrocknung des Euphrat

„Darauf goß der sechste Engel seine Schale auf den großen Strom Euphrat aus; da vertrocknete sein Wasser, damit den Königen vom Aufgang der Sonne her der Weg offenstände.

Und ich sah aus dem Maul des Drachen und aus dem Maul des Tieres und aus dem Munde des falschen Propheten drei unreine Geister wie Frösche herauskommen.

Diese Frösche sind Teufelsgeister, welche Wunderzeichen verrichten. Sie begeben sich zu den Königen des ganzen Erdkreises, sie zum Kampf am großen Tage Gottes, des Allmächtigen, zu sammeln.

'Seht, ich komme wie ein Dieb! Selig ist, wer da wacht und seine Kleider bereithält, damit er nicht nackt einherzugehen braucht und man seine Blöße nicht zu sehen bekommt!'

Und die unreinen Geister versammelten die Könige in der Gegend, die auf hebräisch 'Harmagedon' (der Berg von Megiddo) heißt" (Off. 16, 12-16).

Durch die sechste Plage werden die Wasser des Euphratflusses ausgetrocknet, so daß die Könige des Ostens (Indien, China, Japan) mit ihren Heeren freie Bahn haben. Sie werden zur Schlacht von Harmagedon zusammengeführt.

Schon der Prophet Jesaja spricht von endzeitlichen Naturveränderungen am Golf des Roten Meeres sowie am Euphrat, wenn er schreibt:

„Auch wird der Herr die Meereszunge Ägyptens der Vernichtung weihen und seine Hand über den Euphrat schwingen mit der Glut seines Hauches und ihn zu sieben

Bächen zerschlagen, so daß man mit Sandalen hindurchgehen kann" (Jes. 11, 15).

Die siebte Schale: Hagel

„Nun goß der siebte Engel seine Schale in die Luft aus; da erscholl eine laute Stimme aus dem Tempel im Himmel vom Thron her und rief: 'Es ist geschehen!'

Da erfolgten Blitze, Getöse und Donnerschläge; und ein gewaltiges Erdbeben entstand, wie noch nie eins gewesen war, seit es Menschen auf der Erde gegeben hat, ein solch gewaltig starkes Erdbeben.

Da zerfiel die große Stadt in drei Teile, und die Städte der Völker stürzten ein, und der großen Stadt Babylon wurde vor Gott gedacht, um ihr den Becher mit dem Glutwein seines Zornes zu reichen.

Und alle Inseln verschwanden, und Berge waren nicht mehr zu finden.

Und ein gewaltiger Hagelschlag mit pfundschweren Stücken fiel vom Himmel auf die Menschen herab; und die Menschen lästerten Gott trotzdem wegen der Plage des Hagels; denn dessen Plage ist ganz entsetzlich" (Off. 16, 17-21).

Hier zeigt sich noch einmal der ganze Zorn Gottes. Gewitter und Erdbeben von nie dagewesenem Ausmaß richten weltweite Zerstörung an.

Die hier geschilderten Gerichte Gottes zeigen uns mit erneuter Eindringlichkeit, wie sehr Gott die Sünde haßt, daß er zu solchen Mitteln greift. Nicht nur der sündige Mensch wird bestraft; die ganze Natur als Schauplatz der menschlichen Untaten muß mitleiden.

Vier Gründe für die Trübsalszeit

Vier Hauptgründe lassen sich klar erkennen, weshalb Gott eine Schreckenszeit wie die große Trübsal zuläßt:

1. Israel: Während des Erdenwandels Jesu nahm das Volk Israel regen Anteil an seinem öffentlichen Wirken; besonders Jesu Wunder setzten die Volksscharen in Verwunderung. War da nicht einer, größer als die Propheten? Als es dann aber zur Entscheidung kam, für oder wider ihn, da wiesen sie ihren Messias zurück. Durch dieses Verhalten zogen die Juden den Zorn Gottes auf sich herab. Noch heute widersetzen sie sich Jesus Christus. Nur einzelne kommen zum Glauben. Gott muß erst eine Trübsalszeit senden, in deren Verlauf sie schließlich in der allergrößten Bedrängnis Buße tun und ihren Messias im Glauben anrufen werden (Sach. 12, 10).

2. Die übrigen Völker: Die übrigen Völker werden dem Gericht Gottes deshalb verfallen, weil sie in Unglauben und Sünde verharren und sein Volk Israel verfolgt haben. Nach den Plagen der Trübsal kommt das Gericht über die dann lebenden Völker der Erde. Christus wird sie in zwei Gruppen einteilen: Die Erretteten (die wiedergeborenen Gläubigen) und die Unerretteten (die ihn als Messias und Herrn zurückweisen) (Matth. 25, 31-46).

3. Die Enthüllung der wahren Ziele Satans: Durch die Trübsalzeit werden die wahren Absichten Satans in ihrer ganzen dämonischen Verworfenheit ans Licht kommen. Seit der Zeit, als sich Satan gegen Gott auflehnte, war es immer sein Bestreben, Gott die Königsherrschaft streitig zu machen. In der Person des Antichristen wird er sein Ziel für eine kurze Weile in gewisser Weise verwirklichen können. Am Ende wird er jedoch in den Abgrund geworfen.

4. Gericht über alle Gegner Christi: Alle, die Christus als ihren Herrn und Erretter abweisen, werden in der Trübsalszeit für ihre Mißachtung der Gebote Gottes und die Zurückweisung der Frohen Botschaft des Heils in Christus bestraft werden. So groß wird ihre Pein sein, daß sie den Tod suchen, ihn aber nicht finden können. „Und sie riefen den Bergen und Felsen zu: 'Fallet auf uns und verbergt uns vor dem Angesicht des auf dem Throne Sitzenden und vor dem Zorn des Lammes!'" (Off. 6, 16).

Aber selbst die grausamen Gerichte Gottes vermögen ihren Trotz und Starrsinn nicht zu brechen; sie verharren weiter auf ihren bösen Wegen.

10

DER UNTERGANG RUSSLANDS

Der russische Kosmonaut Gherman Titow sagte nach seiner erfolgreichen Rückkehr aus dem Weltall:

„Manche behaupten, da draußen gäbe es einen Gott . . . aber als ich den ganzen Tag lang in meiner Raumkapsel die Erde umrundete, bin ich keinem Gott begegnet . . . Ich habe weder Gott gesehen noch irgendwelche Engel.

Ich glaube an keinen Gott. Unsere Raumraketen sind von Menschenhand erdacht und gebaut. Ich glaube an den Menschen, an seine Kraft, seine Möglichkeiten, seinen Verstand."

Von dieser Art des Unglaubens heißt es in 2. Petrus 3, 3-4: „Ihr müßt daher aber vor allem bedenken, daß am Ende der Tage Spötter voll Spottsucht auftreten, Menschen, die nach ihren eigenen Lüsten wandeln, und sagen: 'Wo bleibt denn seine verheißene Wiederkunft? Seitdem die Väter entschlafen sind, bleibt ja alles doch so, wie es seit Beginn der Schöpfung gewesen ist!'"

Der russische Wunsch, die Welt zu retten

Es war fünf Uhr morgens in Prag. Die Stadt lag noch im tiefen Schlaf.

Auch die Umgebung der Prager Rundfunkstation lag wie ausgestorben. Plötzlich kam ein Auto angerast. Der Fahrer, der das Wagenfenster heruntergekurbelt hatte, schrie in voller Fahrt immer wieder die Warnung in die Nacht:

„Kommt mit euren Autos auf die Straße! Hupt die Leute aus dem Schlaf! Weckt alle auf! Sie kommen! Sie kommen!"

Einige Stunden später bereits war das ganze Land von fremden Soldaten besetzt. Wieder einmal waren die Russen da.

Diesmal war alles völlig überraschend gekommen. Selbst der amerikanische Geheimdienst fiel aus allen Wolken.

Die Sowjetunion hatte mit Unterstützung der Warschauer-Pakt-Staaten Ungarn, Bulgarien, Polen und der DDR dem Prager Frühling ein rasches Ende bereitet.

Die ganze Welt staunte über die Schnelligkeit und Heimlichkeit, mit der alles vonstatten gegangen war.

Ist es nicht eine Ironie des Schicksals, daß der Einmarsch weniger als 24 Stunden vor einem geplanten Treffen zwischen Präsident Johnson und Ministerpräsident Kossygin erfolgte, bei dem über Abrüstung verhandelt werden sollte?

Was veranlaßte die Sowjetunion damals zu ihrem radikalen Schritt, und warum gab es keinen Widerstand von seiten der Westmächte?

Moskau rechtfertigte seinen Einmarsch in der Tschechoslowakei damit, daß es erklärte, die tschechische Regierung sowie führende Parteifunktionäre - die übrigens nie mit Namen genannt wurden - hätten um ein bewaffnetes Eingreifen der Bruderstaaten gebeten, um dadurch eine Konterrevolution reaktionärer Kräfte zu verhindern.

Weil das Überleben der Menschheit nur an einem seidenen Faden hing und jede feindliche Reaktion der Westmächte in einem Atomkrieg hätte enden können, ließen es die Vereinigten Staaten und ihre Verbündeten bei förmlichen diplomatischen Protesten bewenden und hielten sich im übrigen aus der ganzen Angelegenheit heraus.

Die Sowjetunion hatte durch ihr Vorgehen das mili-

Drei entscheidende Kriege

	Kriegsteilnehmer	Zeitpunkt	Kriegsursache	Ausgang	Schriftstellen
1. Krieg	Rußland u. Verbündete gegen Israel, arab.Staaten, Iran, Deutschl.	1. Hälfte der 7-jährigen Trübsalsperiode (oder früher)	Rußland will in den Besitz der riesigen Mineralschätze Israels gelangen	Direktes Eingreifen Gottes durch Naturkatastrophen, das heißt Erdbeben, Hagelschlag usw. Russisches Heer wird vernichtet. 7 Jahre sind nötig, um das Schlachtfeld von Trümmern zu räumen. 7 Monate brauchen die Israelis, um die Gefallenen zu bestatten.	Hes. 38; 39
2. Krieg Schlacht von Harmagedon	Alle Völker der Erde gegen Gott	Am Ende der 7jährigen Trübsal	Machttrunken will der Antichrist Gott zum Kampf herausfordern; er will die 144 000 jüdischen Glaubenszeugen vernichten u. Jerusalem zerstören	Der Herr Jesus Christus kommt selbst vom Himmel herab und vernichtet die vereinigten Heere von mehr als 200 Millionen Mann. Das Blutbad erstreckt sich 296 km weit; das Blut reicht „bis an die Zäume der Pferde" (Off. 14, 20). Der Antichrist und der falsche Prophet werden lebendig in den Feuersee geworfen (Off. 19, 20). Satan wird für 1000 Jahre gefesselt und in den Abgrund geworfen (Off. 20, 1-3).	Joel 3,9,12 Sach. 14, 1-4 Off. 16, 13-16 Off. 19, 11-21
3. Krieg Der letzte Ansturm des Bösen	Satan gegen Gott	Am Ende des 1000-jährigen Reiches	Gott läßt noch einmal zu, daß Satan seine Lügenbotschaft ausbreitet	Satan wird mit Erfolg viele Millionen (von denen, die im Tausendjährigen Reich geboren werden) von Christus abspenstig machen. Ein Millionenheer wird die Gläubigen umzingeln und ihre Stadt Jerusalem belagern. Dann läßt Gott Feuer vom Himmel fallen, das sie verzehrt. Nun wird Satan in den Feuersee geworfen, wo sich auch der Antichrist und der falsche Prophet befinden. Dort werden sie bei Tag und bei Nacht in alle Ewigkeit gepeinigt werden.	Off. 20, 7-10

tärische Gleichgewicht in Mitteleuropa zu ihren Gunsten verschoben.

Während die NATO-Streitkräfte über eine Gesamtstärke von 778 000 Mann verfügten (einschließlich der 210 000 Amerikaner), besaßen die Sowjetunion und ihre Verbündeten eine Streitmacht von 790 000 Soldaten. In diesem Zusammenhang ist es interessant festzustellen, daß von den 778 000 NATO-Soldaten 425 000, also mehr als die Hälfte, von der Bundesrepublik Deutschland gestellt wurden.

Die prophetischen Stellen der Offenbarung scheinen anzudeuten, daß Deutschland (möglicherweise die DDR) in den letzten Tagen auf seiten Rußlands und seiner Armeen stehen wird.

Der zunehmende Einfluß Rußlands

In den letzten Jahren zeigt sich immer deutlicher, daß die Russen sehr daran interessiert sind, ihre Handelsbeziehungen zu den Ländern Asiens zu verbessern.

Als Beispiel diene Japan, wohin riesige Mengen sibirischen Bauholzes exportiert wurden. Japan liefert dafür Traktoren und andere Baumaschinen sowie Verbrauchsgüter. Japaner und Russen planen auch ein gemeinsames Projekt zur Förderung sibirischen Erdöls sowie zur Erschließung von Bodenschätzen.

Die Sowjetunion ist auch der größte Handelspartner Malaysias in Rohgummi. Selbst der philippinische Präsident Marcos spricht von Handelsbeziehungen mit den Sowjets.

Das Wachsen des russischen Weltreichs

In den letzten 75 Jahren gab es in der Welt 128 bewaffnete Konflikte, davon 52 allein im Nahen Osten. Dort stehen jedoch die schlimmsten Auseinandersetzungen noch bevor, nämlich in den letzten Tagen und während der Trübsalszeit.

Der Anstifter des ersten dieser noch ausstehenden großen Kriege wird Rußland mit seinen Verbündeten sein. Dieser Kriegszug wird jedoch das Ende des Sowjetkommunismus im Nahen Osten bedeuten.

Rußland - die Union der Sozialistischen Sowjetrepubliken - ist flächenmäßig das größte Land der Welt. Es erstreckt sich über zwei Erdteile hinweg vom Nordpazifik bis zur Ostsee. Es bedeckt den nördlichen Teil Asiens und den Osten Europas. Im Westen grenzt es an Finnland, die Ostsee, Polen, die CSSR, Ungarn und Rumänien. Im Süden wird es ebenfalls von Rumänien, dem Schwarzen Meer, der Türkei, dem Iran, Afghanistan, China, der mongolischen Volksrepublik und Nordkorea begrenzt. Ganz im Nordosten bildet die Beringstraße die Grenze zu Alaska. Die UdSSR bedeckt ein Sechstel der gesamten Landfläche der Erde, in Zahlen ausgedrückt sind das genau 22 394 175 Quadratkilometer. Die Bevölkerungszahl beläuft sich auf etwa 250 Millionen Menschen. Die Bevölkerungszahl der Vereinigten Staaten beträgt 215 Millionen.

Die UdSSR verfügt über einen außergewöhnlichen Reichtum an Bodenschätzen. Nach eigenen Angaben finden sich 57 Prozent aller Kohlenvorkommen, 58 Prozent aller Erdölvorkommen, 41 Prozent aller Eisenerzvorkommen, 88 Prozent des Mangans, 54 Prozent der Kalisalze, 30 Prozent der Phosphate und 25 Prozent aller Bau- und Nutzholzvorkommen und mehr als die Hälfte aller Goldvorkommen der Welt auf dem Gebiet der Sowjetunion. Außerdem hat das riesige Land mit 25 Prozent der Weltproduktion an Eisen und 19,5 Prozent an Stahl einen beachtlichen Platz in der Weltrangliste.

In der Sowjetunion besteht die allgemeine Schulpflicht,

und die Ausbildung wird vom Staat finanziert. Zur Zeit gibt es etwa 200 000 Grundschulen, Höhere Schulen und Fachhochschulen mit über 50 Millionen Studenten. 432 000 Studenten verlassen jährlich die Bildungsinstitute mit einer qualifizierten Fachausbildung, davon etwa 240 000 als Ingenieure und Wissenschaftler.

Der Kampf gegen das Analphabetentum ist praktisch gewonnen. Heute gibt es nur noch etwa 1,5 Prozent Analphabeten in der Sowjetunion.

Die Religion

Im Jahre 1918 erfolgte kraft Gesetzes die Trennung von Kirche und Staat. Heute bestehen in der UdSSR noch neun verschiedene christliche Konfessionen. Aus den Nachrichten, die immer wieder durch den Eisernen Vorhang hindurchdringen, geht eindeutig hervor, daß das eigentlich im Gesetz verankerte Recht auf freie Religionsausübung nur auf dem Papier steht. Seit der offiziellen Propagierung des Atheismus ist es schon häufig zu Verfolgungen gekommen. Davon wurden nicht nur die Christen betroffen, sondern auch Juden und Anhänger sonstiger Religionsgemeinschaften.

Was die Juden betrifft, so schätzt man ihre Zahl in allen Sowjetrepubliken zusammen auf 2,54 Millionen. In den letzten Tagen wird Rußland ihnen wahrscheinlich die Ausreise nach Israel gestatten.

Die Kampfkraft Rußlands

Die militärische Stärke der Sowjetunion ist nur schwer abzuschätzen.

Man vermutet, daß zwischen 3,5 und 4,5 Millionen Mann unter Waffen stehen und die Luftwaffe über mehr als

25 000 erstklassige Kampfflugzeuge verfügt, davon 300 schwere Bomber sowie 500 Mittelstreckenbomber. Der sowjetische Etat für strategische Kriegsführung beläuft sich annähernd auf 25 Prozent des gesamten Verteidigungshaushaltes; die USA verwenden dagegen nur 12 Prozent des Verteidigungshaushaltes für strategische Zwecke.

Aus Berichten über den Wettlauf der Großmächte bei der Eroberung des Weltraums geht hervor, daß die Sowjets mit den Amerikanern hart im Rennen liegen. Wie leicht könnten sie ihre Kenntnisse militärischen Zwecken nutzbar machen und damit weltweite Zerstörung anrichten.

Warum wird Rußland in Israel einfallen?

Soviel über den heutigen Stand der Sowjetunion. Es ist leicht verständlich, daß die Russen voller Selbstvertrauen und Stolz in die Zukunft blicken. Der Stolz auf die eigene Stärke wird diese Großmacht auch einst dazu verleiten, einen Einmarsch in Israel zu wagen, was aber zu ihrem Verderben ausschlagen wird. Eine wichtige Tatsache wird nämlich von den Mächtigen der Welt übersehen: Gott rächt sich an allen, die sein Volk antasten.

Wenn Rußland (in Hesekiel 38 und 39 Gog genannt) mit seinen Streitkräften gegen die wehrlosen Juden ziehen wird, wird es damit den Zorn Gottes schüren.

Denn der Herr spricht: „So wird denn an demselben Tage, an dem Gog in das Land Israel einrückt - so lautet der Ausspruch des Herrn -, da wird die Zornesglut in mir auflodern" (Hes. 38, 18).

Viele Kenner der biblischen Prophetie deuten Gog auf Rußland. Die folgenden Ausführungen gründen auf dieser Voraussetzung.

Niemand kann weder den Juden als Volk noch dem einzelnen Juden aufgrund seiner Volkszugehörigkeit Unrecht zufügen, ohne Gottes Strafe auf sich herabzuziehen. Die Juden besitzen die eindeutige Verheißung Gottes, die dieser einst Abraham und seiner Nachkommenschaft schenkte.

Sie lautet: „Ich will die segnen, die dich segnen; und wer dich verflucht, den will ich verfluchen; und in dir sollen alle Geschlechter der Erde gesegnet werden" (1. Mose 12, 3).

Auch durch den Propheten Sacharja ließ der Herr die Warnung ergehen: „Wer euch antastet (die Juden), tastet meinen Augapfel an" (Sach. 2, 12).

Die Geschichte beweist deutlich, daß alle Völker, die mit Israel in Berührung kamen und ihm Schaden zufügten, vom Zorn Gottes getroffen wurden.

Ägypten, einst das mächtigste Reich seiner Zeit, wurde in den Staub gedemütigt und zum geringsten aller Reiche, weil es Israel verfolgt hatte. Das gleiche gilt für das Spanien des 15. Jahrhunderts.

Auch das assyrische Weltreich trat als Gegner der Juden auf; kurze Zeit später sank es in Vergessenheit. Das einzige, was von seiner einstigen Macht und Herrlichkeit zurückblieb, sind die Kehrichthaufen Mesopotamiens entlang des Tigris. Ähnlich erging es dem einstigen Babylon.

In unserem Jahrhundert haben wir gesehen, was mit dem „Dritten Reich" geschah, als es die Juden „ausradieren" wollte.

Gott tritt aber nicht nur als Richter der Verfolger seines Volkes auf, er ist auch der Belohner aller, die es mit den Juden gut meinen.

Der Herr belohnt die Wohltäter der Juden und bestraft die Antisemiten.

Falsch wäre es, in Gott nur den Gott der Liebe zu sehen, er ist auch der Gott der Rache.

In 2. Mose 34, 6-7 heißt es: „Da zog der Herr vor seinen Augen vorüber und rief aus: 'Der Herr, der Herr, ist ein barmherziger und gnädiger Gott, langmütig und reich an Gnade und Treue, der Gnade auf Tausende hin bewahrt, der Unrecht, Übertretung und Sünde vergibt, doch auch den Schuldigen keineswegs ungestraft läßt, sondern die Schuld der Väter an Kindern und Kindeskindern heimsucht, am dritten und am vierten Glied.'"

Hier enthüllt Gott etwas von seinem tiefsten Wesen. Er richtet die Sünder und erweist den Bußfertigen Gnade.

Rußland in der Bibel

Im Zusammenhang mit der gegen Israel gerichteten Invasion aus dem Norden werden in der Heiligen Schrift sowohl Rußland als auch seine Verbündeten genannt.

Es würde jedoch über den Rahmen dieses Buches hinausgehen, hier auf Einzelheiten einzugehen. Hier sollen nur die Geschehnisse geschildert werden, wie sie sich in den letzten Tagen abspielen, damit auch der bisher wenig Informierte einen klaren Überblick bekommt. Wer mehr in die Zusammenhänge eindringen möchte, dem stehen heute eine Reihe guter, weiterführender Bücher zur Verfügung.

Wer sind nun die Verbündeten Rußlands? Die Hauptverbündeten, die sich am Einmarsch in Israel beteiligen werden, scheinen der Iran, die DDR, die Türkei und die anderen arabischen Staaten zu sein. Der Pakt kommt deshalb zustande, weil die Vereinten Staaten von Europa die jüdischen Ansprüche und Rechte in Palästina unterstützen. Die arabischen Länder sehen die einzige Möglichkeit, ihren Forderungen Geltung zu verschaffen, darin, Rußland um Unterstützung anzugehen.

Der Kriegszug Rußlands und seiner Verbündeten gegen Israel wird sehr eingehend in Hesekiel 38, 1; 39, 1-16, geschildert.

Im folgenden zitieren wir Hesekiel 38, 14-16, 22-23, wo in prophetischer Sprache die Ereignisse umrissen sind:

„Darum verkünde, Menschensohn, dem Gog folgende Weissagung: 'So hat Gott der Herr gesprochen: Jawohl, zu jener Zeit, wo mein Volk Israel wieder in Sicherheit wohnt, wirst du aufbrechen und von deinem Wohnsitz, vom äußersten Norden her kommen, du, und viele Völker mit dir, allesamt hoch zu Roß, eine große Schar und ein gewaltiges Heer.

Du wirst gegen mein Volk Israel heranziehen wie eine Wetterwolke, um das Land zu bedecken. Am Ende der Tage wird es geschehen, daß ich dich gegen mein Land zu Felde ziehen lasse, damit die Heidenvölker mich kennenlernen, wie ich mich vor ihren Augen an dir, Gog, als der Heilige erweise.

Und ich will das Strafgericht an ihm vollziehen durch Pest und Blutvergießen, Wolkenbrüche und Hagelsteine; Feuer und Schwefel will ich regnen lassen auf seine Kriegsscharen und auf die vielen Völker, die bei ihm sind.

So will ich meine Größe und meine Heiligkeit erweisen und mich vor den Augen vieler Völker kundtun, damit sie erkennen, daß ich der Herr bin!'"

Unter Zugrundelegung der oben angeführten Bibelstellen können wir die folgenden Feststellungen wagen:

1. Die Invasion Israels wird in den letzten Tagen stattfinden. „Nach geraumer Zeit sollst du Befehl erhalten: Am Ende der Jahre sollst du in ein Land kommen, das sich von der Verwüstung erholt hat zu einem Volke, das aus vielen Völkern auf den Bergen Israels, die dauernd verödet lagen, gesammelt worden ist; jetzt aber ist es aus den Völkern zurückgeführt, und sie wohnen nun in Sicherheit allesamt" (Hes. 38, 8).

„Und du wirst gegen mein Volk Israel heranziehen wie eine Wetterwolke, um das Land zu bedecken: Am Ende der Tage wird es geschehen, da ich dich gegen mein Land zu Felde ziehen lasse, damit die Heidenvölker mich kennenlernen, wenn ich mich vor ihren Augen an dir, Gog, als der Heilige erweise" (Hes. 38, 16).

2. Die Invasion wird erfolgen, wenn die Juden in ihrem Lande wohnen und sich in Sicherheit wähnen. „So hat Gott der Herr gesprochen: ‚In jener Zeit werden böse Gedanken in deinem Herzen aufsteigen und du wirst einen schlimmen Anschlag ersinnen'" (Hes. 38,10).

„Du wirst nämlich denken: 'Ich will zu Felde ziehen gegen ein Land, das offen daliegt, will über friedliche Leute herfallen, die ruhig und sorglos leben; sie wohnen ja allesamt in Ortschaften ohne Mauern und haben keine Riegel und Tore'" (Hes. 38, 11).

„Darum verkündige, Menschensohn, dem Gog folgende Weissagungen: ‚So hat Gott der Herr gesprochen: Jawohl, zu jener Zeit, wo mein Volk Israel wieder in Sicherheit wohnt, wirst du aufbrechen'" (Hes. 38,14).

3. Die Invasion erfolgt aus dem Norden. „Und von deinem Wohnsitz vom äußersten Norden her, kommst du und viele Völker mit dir, allesamt hoch zu Roß, eine große Schar und ein gewaltiges Heer" (Hes. 38, 15). Der Blick auf die Landkarte zeigt, daß Rußland alle hier geschilderten Voraussetzungen erfüllt.

Man beachte beim Lesen solcher Prophetie immer, daß alles vom Blickwinkel Palästinas aus gesehen wird. Wenn daher von Himmelsrichtungen wie Nord, Süd, usw. gesprochen wird, meint die Bibel nördlich, südlich von Palästina.

Wenn man von Jerusalem aus eine gerade Linie zum Nordpol zieht, so läuft diese Linie ganz in der Nähe Moskaus vorbei. Moskau liegt genau 37° 40' östlicher Breite, Jerusalem 35° 10' östlicher Breite.

Daraus geht mit großer Wahrscheinlichkeit hervor, daß es sich bei der Invasion aus dem Norden um Rußland und seine Verbündeten handeln muß.

In den letzten Tagen wird es vier größere Machtblöcke geben:

1. Rußland und seine Verbündeten
2. Ägypten und die arabischen Länder
3. Europa im westlichen Staatenbund
4. Die orientalischen bzw. asiatischen Mächte

Der Angriffsplan

In anderen Kapiteln sprachen wir bereits davon, daß Israel zu Beginn der Trübsal friedlich in seinem Lande wohnen wird. Die Staaten Westeuropas, die sich zu einem Staatenbund zusammengeschlossen haben, garantieren für seine Sicherheit. Ein dauernder Weltfriede scheint in greifbare Nähe gerückt. Man hofft auf einen ‚Himmel auf Erden'.

Die Illusion vom Frieden wird Israel jedoch bald genommen werden.

Rußland, das die reichen Mineralvorkommen Palästinas sowie die riesigen Reichtümer des Landes in seine Hand bekommen möchte, greift zur Gewalt und fällt mit seinen Verbündeten (die arabischen Staaten, der Iran, die DDR und andere) in Israel ein. Und wie es kürzlich beim Einmarsch in die Tschechoslowakei geschah, werden auch diesmal die westlichen Mächte nicht eingreifen, sondern bloß auf diplomatischem Wege Protest erheben, und zwar aus Furcht vor einer Ausweitung des Konflikts.

Der Einmarsch

Die Bedrohung durch den Kommunismus hängt wie ein Damoklesschwert über der Welt.

Es ist eine Tragödie, daß viele der Männer, zu denen unsere Jugend aufschaut, überall nach Lösung der anstehenden Probleme suchen, nur nicht bei Gott, der doch allein echte Lösungen schenken kann. Man erhofft sich alles von menschlichen Ideen und Plänen: dem Kommunismus, der Ausbildung, einem universalen Weltgesetz usw.

Vielleicht kommt das zum Teil daher, daß die Kirchen überall im Lande oft versäumt haben, die Botschaft vom Heil in Christus klar und unüberhörbar auszurichten.

Dr. J. Dwight Pentecost spricht in seinem Buch „Prophecy for Today” (Prophetie für unsere Zeit) vom gleichen Thema.

Er schreibt: „Gott ist der wahre Herr der Welt; auch gottlose Bewegungen wie der Kommunismus stehen ganz unter seiner Kontrolle und können nur insoweit etwas erreichen, wie es seinem Willen entspricht und in seine Pläne hineinpaßt. Wie trostlos die Weltsituation auch scheinen mag, Gott hat das Steuer fest in der Hand. Alles, was geschieht, dient irgendwie seinen Zielen. Der Mensch entwirft seine Pläne und schreitet zu ihrer Verwirklichung; dabei wähnt er sich als sein eigener Herr und Meister. In Wirklichkeit dient er mit all seinem Tun den Zielen Gottes, der sich dadurch als der wahre Herr erweist.”

Zurück zu den Ereignissen in der Endzeit! Rußland fällt also mit seinen Verbündeten in Israel ein und besetzt das Land völlig. Es setzt sich dabei über die Proteste der Weststaaten hinweg. Es kommt, um zu rauben, zu plündern und zu verderben. Gott aber verfolgt eine ganz bestimmte Absicht, indem er all dies geschehen läßt. Er wird der Welt mit Rußland eine anschauliche Lehre erteilen, nämlich, daß kein Volk, wie mächtig es auch immer sei, die Juden ungestraft verfolgen kann.

„Und in meinem Zorneseifer, im Feuer meines Ingrimms spreche ich es aus: 'Wahrlich, an jenem Tage wird ein großes Erdbeben im Lande Israel stattfinden!

Da sollen vor mir erbeben die Fische im Meer und die Vögel unter dem Himmel, die Tiere auf dem Feld und alles Gewürm, das auf dem Erdboden kriecht, und alle Menschen, die auf der ganzen Erde wohnen; die Berge sollen einstürzen und die Felswände umfallen und alle Mauern zu Boden stürzen.

Dann werde ich in meinem ganzen Berglande das Schwert gegen ihn aufbieten' - so lautet der Ausspruch Gottes des Herrn - 'so daß sich das Schwert eines jeden gegen den andern kehrt.

Und ich will das Strafgericht an ihm vollziehen durch Pest und Blutvergießen, durch Wolkenbrüche und Hagelsteine; Feuer und Schwefel will ich regnen lassen auf ihn und auf seine Kriegsscharen und auf die vielen Völker, die bei ihm sind.

So will ich meine Größe und meine Heiligkeit erweisen und mich vor den Augen vieler Völker kundtun, damit sie erkennen, daß ich der Herr bin!'" (Hes. 38, 19-23).

Hier sagt uns die Bibel ganz deutlich, wie der Kriegszug Rußlands gegen Israel ausgehen wird. Ein göttliches Strafgericht vernichtet die russische Militärmacht und die seiner Verbündeten.

Ein heftiges Erdbeben läßt die Erde Palästinas erzittern. Die in Panik geratenen Soldaten wenden sich gegeneinander und bringen sich um. Heftige Regengüsse, Hagelschlag und Seuchen tun ein übriges, um die Verwirrung zu steigern. Und als wäre das alles noch nicht genug, fällt auch noch Feuer und Schwefel vom Himmel und stiftet Tod und Vernichtung. Die Invasionsarmee geht kläglich zugrunde, ohne überhaupt gegen den Feind gekämpft zu haben.

Hesekiel 39, 2-6 gibt uns noch einmal ein zusammenfassendes Bild der Vorgänge:

„‚Ich will dich herbeilocken . . . und dich auf die Berge Israels kommen lassen.

Aber dort will ich dir den Bogen aus der linken Hand schlagen und die Pfeile deiner rechten Hand entfallen lassen.

Auf den Bergen Israels sollst du fallen, du selbst und alle deine Scharen und die Völker, die bei dir sind; den Raubvögeln, allem Getier, das Flügel hat, und den Raubtieren des Feldes überlasse ich dich zum Fraß.

Auf freiem Felde sollst du fallen, denn ich habe es gesagt!' so lautet der Ausspruch des Herrn.

'Da will ich an Magog und an die in Sorglosigkeit lebenden Bewohner der Meeresländer Feuer legen, damit sie erkennen, daß ich der Herr bin'".

Über das Ausmaß des göttlichen Strafgerichts heißt es dann in den Versen 9 bis 12 des gleichen Kapitels:

„Da werden denn die Bewohner der Städte Israels hinausziehen und Feuer anmachen und einheizen mit den Waffen, den Kurzschilden und Langschilden, mit den Bogen und Pfeilen, mit den Keulen und Lanzen und werden sieben Jahre lang Feuer mit ihnen machen.

Die brauchen dann kein Holz mehr vom Felde zu holen und keins in den Wäldern zu hauen, sondern werden die Waffen als Brennholz benutzen und Raub von denen gewinnen, welche sie beraubt hatten" – so lautet der Ausspruch Gottes des Herrn.

„Und an jenem Tage werde ich dem Gog eine Grabstätte in Israel anweisen, nämlich das Tal der Wanderer auf der Ostseite des Toten Meeres: dies wird ihrem Wanderzuge ein Ende machen. Dort wird man Gog und seine gesamte Heeresmacht begraben und es das 'Tal der Heeresmacht Gogs' nennen.

Das Haus Israel wird dann sieben Monate lang mit ihrem Begräbnis zu tun haben, um das Land zu reinigen."

Sieben Jahre lang werden die Juden mit Aufräumungsarbeiten beschäftigt sein, um die Spuren der Katastrophe zu beseitigen. Die Verse 11 und 12 zeigen, daß fast das gesamte Heer vernichtet wird; sieben Monate werden nötig sein, um alle Gefallenen zu begraben.

Wann wird nun diese gewaltige Schlacht der Endzeit stattfinden? Die Bibel gibt uns darüber keine genauen Angaben, außer, daß dies alles sich in der Endzeit abspielen wird, wenn Israel sich in seinem Lande in Sicherheit wähnen wird. Aus den verschiedenen Schriftstellen läßt sich jedoch schließen, daß der Ablauf der Ereignisse wie folgt sein wird:

Nach der Entrückung der Gläubigen wird der Antichrist auf der Weltbühne erscheinen und die Staaten Westeuropas unter seiner Herrschaft einen.

Zu Beginn der Trübsalszeit wird er dann einen Friedenspakt mit Israel schließen und ihm Sicherheit und Friede im Lande zusichern. Danach wird es Rußland nach dem Besitz der Reichtümer Palästinas gelüsten, es wird aber drei Jahre lang keine konkreten Schritte in dieser Richtung unternehmen. Dann, etwa um die Mitte der Trübsalszeit, wird es mit seinen Verbündeten in Israel einfallen. Jetzt wird Gott mit einem Strafgericht eingreifen und die militärische Macht Rußlands vernichten. Durch die Vernichtung des russischen Kommunismus entsteht ein Machtvakuum, das sich der Antichrist zunutze machen wird. Er wird also seinen Einflußbereich weiter ausweiten. Schließlich wendet er sich gegen Israel und das jüdische Volk und bedrängt es aufs äußerste. Zu jener Zeit werden sich viele Juden zu ihrem Gott hinwenden und Christus als ihren Messias annehmen. Auch viele aus den Völkern der Welt werden von den wunderbaren Ereignissen, im Zusammenhang mit der Vernichtung der russischen Weltmacht, so beeindruckt werden, daß sie Christus im Glauben als Herrn und Retter annehmen. Die Bibel deutet das in Hesekiel 38, 23 an.

Dort spricht der Herr: „So will ich meine Herrlichkeit unter den Heidenvölkern offenbar werden lassen, und alle Heidenvölker sollen mein Strafgericht sehen, das ich vollzogen habe, und meine Hand, die ich sie habe fühlen lassen."

Zur Zeit befindet sich Rußland noch auf der Höhe seiner Macht. Es ist geblendet von seinen Fortschritten auf vielen Gebieten, besonders durch die Erfolge in der Raumfahrt; man vergöttert die menschliche Leistung und spottet Gottes.

Steht nun das Geschick Rußlands endgültig fest? Könnte es nicht Buße tun und damit sein Schicksal zum Besseren wenden? Sicherlich! Die kommenden Ereignisse würden einen ganz anderen Verlauf nehmen, wenn sich Rußland wirklich zu Gott wenden und aufhören würde, seine verderblichen Lehren über die Welt zu verbreiten.

Aber aus der Schrift geht hervor, daß es leider anders kommen wird. Wenn es einst in Palästina einfallen wird, wird es damit sein Verderben heraufbeschwören. An jenem Tage wird Rußland als Weltmacht aus der Geschichte verschwinden.

11

DER GROSSE KRIEG

Die blutigste Schlacht aller Zeiten wird an einem Ort ausgetragen werden, der in der Heiligen Schrift Harmagedon heißt. Am Ende der siebenjährigen Trübsalszeit werden die unheimlichen Streitkräfte der Finsternis wider die Streitkräfte des Lichtes zum Kampf antreten.

In Offenbarung 16, 16 lesen wir: „Und man sammelte die Heere der Finsternis an dem Ort 'Harmagedon'".

Dieses Gebiet war schon Schauplatz vieler Entscheidungsschlachten Israels. Der Berg Megiddo beherrscht geographisch das ganze Jesreeltal sowie die Esdralonebene; somit bedeutet Harmagedon (hebr. Berg von Megiddo) das ganze strategische Talgebiet im Norden Israels. Es bildet den nördlichen Zugangsweg durch die Berge nach Jerusalem.

Hier siegte Gideon einst über die Midianiter.

„Alle Midianiter, Amalekiter und alle Ostleute scharten sich nun zusammen, überschritten den Jordan und lagerten sich in der Ebene Jesreel" (Richter 6, 33).

Hier starb auch einst Saul in der Schlacht gegen die Philister; Saul und Jonathan wurden nämlich auf dem Gebirge Gilboa, das den Ostteil des Harmagedon-Jesreel-Tals bildet, vom Feind geschlagen (1. Sam. 31, 1-2; 2. Sam. 1, 6-21).

Auch der König Josia fiel hier im Kampf gegen den Pharao Necho.

„Während seiner Regierung zog der Pharao Necho, der König von Ägypten, gegen den König von Assyrien zu Felde an den Euphratstrom. Der König Josia zog ihm entgegen, aber Necho tötete ihn bei Megiddo, sobald er seiner ansichtig geworden war.

Da führten seine Diener ihn zu Wagen tot von Megiddo hinweg, brachten ihn nach Jerusalem und setzten ihn in seiner Grabstätte bei. Die Landbevölkerung nahm dann Joachas, den Sohn Josias, salbte ihn und machte ihn zum König an seines Vaters Statt" (2. Kön. 23, 29-30).

Die Stadt Megiddo schützte den von Nordwest nach Südost verlaufenden Paß, der die günstigste Karawanenstraße zwischen der Saron-Ebene und dem Jesreeltal bildete. Man hat gesagt, daß die umliegenden Hügel vielleicht mehr blutige Kämpfe gesehen haben als irgendein anderer Ort auf der Welt, und zwar bis in die jüngste Zeit hinein. Dieses Gebiet wird also der Schauplatz der großen Schlacht der Endzeit sein, wie sie in Offenbarung 14, 16-19 in Joel 3 und Jesaja 63 geschildert wird.

Megiddo liegt östlich des Karmel im Norden Israels. Von dort aus erstreckt sich eine riesige Ebene vom Mittelmeer nach Osten quer durch den Nordteil Israels.

Schon Napoleon nannte dieses Gebiet das „größte, von der Natur geschaffene Schlachtfeld der Welt".

Zum besseren Verständnis der Zusammenhänge, das heißt, wie es zur Schlacht von Harmagedon kommen wird, wollen wir einmal einige der Länder und Völker näher betrachten, die in diesem Konflikt eine Rolle spielen werden.

Das kirchliche Babylon

J. Dwight Pentecost schreibt in seinem bereits erwähnten Buch zu Offenbarung 17, 1-18 folgendes: „Ich kenne kein anderes Thema der biblischen Prophetie, über das man sich heute so zu sprechen scheut, wie das Thema dieses Kapitels der Offenbarung des Johannes. Denn wir leben heute in einem Klima, in dem ein jeder sofort als engstirnig oder selbstgefällig gebrandmarkt wird, der es wagt, an einem System oder einer Religion Kritik zu üben. Und dennoch: Da die Heilige Schrift diesem Thema soviel Raum widmet, hoffe ich, daß der Geist Gottes dem Leser Erleuchtung und Verständnis schenken möge. Wir sind nicht engstirnig, noch möchten wir einzelnen, die in einem theologischen System verstrickt sind, mit unseren Äußerungen nahe treten, sondern wollen in dem Maße, wie Gott uns die Weisheit und Gabe schenkt, auf das Endziel hinweisen, auf das sich weite Teile der sichtbaren Kirche stetig zubewegen. Der Leser soll jene Schriftstellen verstehen lernen, die besagen, daß die ökumenische Bewegung einst in einem großen, weltweiten religiösen System aufgehen wird, das unter dem Fluch und Zorn Gottes steht. Wenn wir nicht in Übereinstimmung mit dem Wort Gottes sprechen, so möge uns niemand Glauben schenken; wenn aber unsere Darlegungen auf der Wahrheit der Heiligen Schrift beruhen, so möge man sorgfältig prüfen, denn die göttliche Wahrheit ist unwandelbar und unüberwindlich."

Das religiöse System der abtrünnigen Weltkirche der Endzeit wird in der Schrift unter dem Bilde der Hure Babylon dargestellt. Kapitel 17 der Offenbarung gibt eine genaue Schilderung des prächtigen, aber greuelhaften, auf dem Tier thronenden Weibes, der „großen Hure", die durch ihre Unzucht Greuel über die ganze Erde ausgebreitet hat. Schwerste Schuld hat sie auf sich geladen, indem sie das Blut der Heiligen und der Zeugen Jesu vergossen hat.

Ist das nicht eine harte Sprache? Was will die Schrift damit sagen? Die wahre Gemeinde wird die Braut Christi genannt. Auch die Weltkirche der Endzeit wird sich als Braut Christi ausgeben und die Wahrheit allein für sich beanspruchen. In Wirklichkeit aber ist sie ihrem Gott untreu; sie ist zur Hure geworden.

Am Ende der Trübsalszeit wird das Strafgericht Gottes über diese Scheinkirche ergehen, die zwar nach außen hin den Schein der Frömmigkeit wahrt, in Wirklichkeit jedoch die Kraft des Evangeliums leugnet.

„Da kam einer von den sieben Engeln, welche die sieben Schalen hatten, redete: 'Komm, ich will dir das Gericht über die große Buhlerin zeigen, die an vielen Wassern ihren Sitz hat, mit der die Könige der Erde gebuhlt haben und von deren Unzuchtswein die Bewohner der Erde trunken geworden sind" (Off. 17, 1-2).

Zu jenem Zeitpunkt wird die große Hure in ihrer ganzen Verworfenheit entlarvt werden.

Die Herrscher der Welt haben gemeinsame Sache mit der großen Scheinkirche gemacht.

„So führte er mich denn im Geiste in eine Wüste; und ich sah dort ein Weib auf einem scharlachroten Tier sitzen, das mit gotteslästerlichen Namen übersät war und sieben Köpfe und zehn Hörner hatte.

Das Weib war in Purpur und Scharlach gekleidet und mit Gold, Edelsteinen und Perlen reich geschmückt; in ihrer Hand hielt sie einen goldenen Becher, der mit götzendienerischen Greueln und mit dem Schmutz ihrer Buhlerei gefüllt war, und auf ihrer Stirn stand ein Name geschrieben, ein Geheimnis: 'Groß-Babylon, die Mutter der Buhlerinnen und der götzendienerischen Greuel'" (Off. 17, 3-5).

Hier haben wir das Haupt der großen Weltkirche der Endzeit vor uns, die ihre Macht über die Vereinigten westeuropäischen Staaten (das wiedererstandene Römische Reich) ausübt. Die Reiterin sitzt auf dem Tier, das sinnbildlich für diese Länder steht; das macht ersichtlich, daß sie einen gewissen Einfluß darüber ausübt. Andererseits, wie das Reittier den Reiter vorwärtsbewegt, so wird die eigentliche treibende Macht nicht die kirchliche sein, sondern die weltliche Autorität des besagten Staatenbundes.

Die Reiterin ist in Purpur und Scharlach gekleidet und mit Gold und Edelsteinen herrlich geschmückt. Im Gegensatz dazu steht der Becher in ihrer Hand, der mit Greuel und Schmutz gefüllt ist.

Dieser Giftbecher stellt dar, wie die falsche Kirche der Endzeit überall ihre verfälschte Lehre ausbreitet und damit alles unter ihren Einfluß bekommt.

Das Weib auf dem Tier wird auch Babylon die Große genannt.

Die Stadt Babylon

Babylon wurde einst von Nimrod gegründet (1. Mose 10, 8-10). Hier war der Mittelpunkt der ersten falschen Religion, des „babylonischen Kultes". Nimrod gab der Stadt den Namen Babel. Er wollte einen großen Turm bauen, dessen Spitze bis an den Himmel reichen sollte. So, glaubte er, könne sich der Mensch Gott nahen. Das Wort Babel bedeutet „Verwirrung". Hier in Babel begegnen wir zum ersten Mal einer organisierten, falschen Religion (1. Mose 11, 1-9).

Es handelte sich um eine Geheimreligion, die für sich in Anspruch nahm, im Besitz der größten Weisheit zu sein, und die allergöttlichsten Geheimnisse enthüllen zu können. Gegen Ende des Neubabylonischen Reiches (7. u. 6. Jahrhundert v. Chr.) erreichte der babylonische Kult seinen Höhepunkt. Zu den Einweihungsriten gehörte ein Sündenbekenntnis vor einem Priester des Kultes. Das Neumitglied gab sich damit ganz in die Gewalt der Priesterschaft. Die Mitglieder des Geheimbundes waren nicht länger

Babylonier, Ägypter usw., sondern Glieder einer mystischen Bruderschaft. An der Spitze des Geheimbundes stand ein Oberpriester, dessen Wort Gesetz war.

Der Turmbau zu Babel muß ein gewaltiges Bauwerk gewesen sein. Aus Ausgrabungen späterer babylonischer Stufenpyramiden (Ziggurate) können wir schließen, wie der Turm zu Babel, von dem die Bibel spricht, ausgesehen haben mag. Die babylonischen Tempel besaßen Stufentürme, wobei meist 7 Geschosse pyramidenförmig übereinandergebaut waren. Der Stufenturm des Marduk-Heiligtums in Babel bedeckte bei einer Höhe von 90 Metern eine Fläche von 90 x 90 Metern. Die Spitze des Turms bildete eine Kapelle, die als Behausung des Götterbildes diente.

Sie war verschwenderisch ausgestattet. Man schätzt, daß ein etwa 14m hohes goldenes Götterbild aus der neubabylonischen Zeit einen Wert von 42 Millionen Mark besaß; die heiligen Tempelgeräte zur Ausübung des Kultes werden auf einen Wert von 600 Millionen Mark geschätzt. In späterer Zeit (600 v. Chr.) gehörten die Türme mit ihren hängenden Gärten zu den sieben Weltwundern.

Babylon wurde in Nord-Süd-Richtung sowie in Ost-West-Richtung von jeweils 25 Straßen in 40 Meter Breite durchzogen. Dadurch wurden 676 große rechteckige Plätze gebildet, die jeweils einen Kilometer lang und breit waren. Der Euphrat teilte die Stadt in zwei gleiche Teile. Ihre größte Blüte erlebte die Stadt Babylon unter Nebukadnezar (604-562 v. Chr.).

Der Grundriß der Stadt betrug 25 x 25 km.

Babel hat eine lange Geschichte. Seine falsche Religion läßt sich Schritt für Schritt bis in unsere Zeit verfolgen, denn viele ihrer Züge haben sich bis heute erhalten.

Wer Genaueres hierüber erfahren will, der lese das Buch „Gottes Plan mit den Völkern dieser Welt" von Frederick A. Tatford (S. 121 ff.).

„Und ich sah das Weib trunken vom Blut der Heiligen und vom Blut der Zeugen Jesu; bei ihrem Anblick geriet ich in großes Staunen" (Off. 17, 6).

Seit es eine organisierte christliche Kirche gibt, wurden Menschen, oftmals im Namen Jesu, um ihres Glaubens willen verfolgt und getötet. Unser Vers bezieht sich auf die Blutzeugen der Trübsalszeit, die dem Antichristen die Anbetung verweigern und die Lehre der endzeitlichen Welteinheitskirche ablehnen.

„Da sagte der Engel zu mir: 'Warum bist du so erstaunt? Ich will dir Aufschluß geben über das Geheimnis des Weibes und des Tieres, auf dem sie sitzt und das die sieben Köpfe und die zehn Hörner hat.

Das Tier, das du gesehen hast, ist schon früher dagewesen und ist jetzt nicht mehr da; doch wird es aus dem Abgrund wieder heraufsteigen und ins Verderben fahren; da werden dann die Bewohner der Erde sich verwundern, die, deren Name nicht geschrieben steht im Buch des Lebens seit Grundlegung der Welt, wenn sie sehen, daß das Tier schon früher dagewesen ist und jetzt nicht mehr da ist und nunmehr wieder da sein wird.

Hier ist Verstand erforderlich, der mit Weisheit gepaart ist. Die sieben Köpfe sind sieben Berge, auf denen das Weib thront'" (Off. 17,7-9).

Man glaubt, daß zwei Drittel der Erdbevölkerung in irgendeiner Form dem Götzendienst verhaftet sind. Um sich davon zu überzeugen, braucht man gar nicht erst in die Dschungelgebiete Südamerikas oder Neuguineas vorzudringen. Auch in unserer zivilisierten Welt gibt es vielerlei Formen des Götzendienstes.

Die Bibel erhebt die eindeutige Forderung, allein Gott Anbetung darzubringen.

„So hat der Herr gesprochen, der König Israels und sein Erlöser, der Herr der Heerscharen: 'Ich bin der Erste und ich bin der Letzte, und außer mir gibt es keinen Gott...

Erschreckt nicht und seid nicht verzagt! Habe ich es nicht schon längst dich hören lassen und es angesagt, so daß ihr meine Zeugen seid? Gibt es einen Gott außer mir? Nein, es gibt keinen Felsen sonst: ich kenne keinen!

Die Verfertiger von Götzenbildern sind allesamt Hohlköpfe, und ihre Lieblinge haben keinen Wert. Ihre eigenen Zeugen sehen nichts und gewahren nichts, damit sie zuschanden werden'" (Jes. 44,6,8-9).

Entlarvung der falschen endzeitlichen Kirche

In Offenbarung 17, 9 erfahren wir Genaueres über die falsche Kirche der Endzeit. Es heißt nämlich, daß die sieben Köpfe des Tieres sieben Hügel bedeuten.

Ein jeder, der sich in Geschichte und Geographie ein wenig auskennt, denkt dabei unwillkürlich an die Siebenhügelstadt Rom. Die endzeitliche, abtrünnige Welteinheitskirche wird also ihren Sitz in Rom haben.

Schon heute erleben wir, wie viele protestantische Gemeinschaften bemüht sind, ihre Bande mit der Kirche Roms fester zu knüpfen. Je mehr wir uns der Endzeit nähern, desto enger wird diese Bindung werden, bis schließlich eine Art Pseudoökumene unter Führung eines falschen Papstes entstehen wird.

Diese vereinte Weltkirche schaut der Seher Johannes unter dem Bild der großen Hure.

„Sie bedeuten zugleich sieben Könige: fünf von ihnen sind bereits zu Fall gekommen, der sechste ist jetzt da, der siebte ist noch nicht gekommen, und wenn er gekommen ist, darf er nur eine kurze Zeit bleiben.

Ferner das Tier, das schon früher gewesen ist und jetzt nicht mehr da ist, ist selbst der achte und gehört trotzdem zu den sieben Königen und fährt dahin ins Verderben.

Und die zehn Hörner, die du gesehen hast, sind zehn Könige, welche die Herrschaft noch nicht empfangen haben, sondern ihre königliche Gewalt zu derselben Stunde und zugleich mit dem Tier erhalten" (Off. 17, 10-12).

Die sieben Häupter des Tieres bedeuten sieben Könige, von denen fünf bereits gefallen sind. Einer ist gerade am Regiment, der letzte wird noch kommen.

Das bedeutet: 5 Regierungsformen gehören bereits der Vergangenheit an. Die sechste Regierungsform besteht zur Zeit, da Johannes die Offenbarung empfängt. Die siebte Regierungsform ist das wiedererwachende Römische Reich der siebenjährigen Trübsalszeit.

Das scharlachrote Tier, das gestorben ist, soll als der achte König erscheinen; hiermit ist der Antichrist gemeint, der ‚dahinführt ins Verderben'.

Die zehn Hörner des Tieres bedeuten zehn Könige, das heißt zehn zu einem europäischen Bundesstaat zusammengeschlossene Länder, die ihre ganze Vollmacht dem Antichristen übertragen.

Diese zehn haben einmütigen Sinn und stellen ihre Macht und Gewalt dem Tier zur Verfügung.

Diese werden mit dem Lamm kämpfen, aber das Lamm wird sie besiegen - denn es ist der Herr der Herren und der König der Könige - mit seinen Kampfgenossen, den Berufenen und Auserwählten und Getreuen."

Dann fuhr der Engel fort: „Die Wasser, die du gesehen hast, wo die Buhlerin thront, sind Völker und Scharen, Völkerschaften und Sprachen.

Und die zehn Hörner, die du gesehen hast, und das Tier, die werden die Buhlerin hassen, werden sie einsam und nackt machen, ihr Fleisch verzehren und sie selbst mit Feuer verbrennen.

Denn Gott hat ihnen ins Herz gegeben, seinen Ratschluß auszuführen und in *einem* Sinn zu handeln und ihre Königsherrschaft so lange dem Tier zur Verfügung zu stellen, bis die Worte Gottes vollkommen verwirklicht sein werden.

Das Weib endlich, das du gesehen hast, ist die große Stadt, welche die Herrschaft über die Könige der Erde hat" (Off. 17, 13-18).

Die zehn Staaten des Vereinten Europa übertragen durch einen Vertrag ihre Macht dem Antichristen.

Gemeinsam führen sie Krieg gegen das Lamm (Christus), werden aber von diesem und seiner Gefolgschaft, der Schar der Auserwählten, besiegt.

Dieser größte Entscheidungskampf aller Zeiten ist die Schlacht von Harmagedon.

Eifersucht des Antichristen

Rom als Hauptsitz der Vereinigten Weltkirche wird so mächtig, daß es ein Dorn im Auge des Antichristen wird und dieser nach Mitteln und Wegen sucht, sich dieses lästigen Nebenbuhlers zu entledigen. Der europäische Staatenbund erkennt mit einem Mal, daß die eigentliche Macht in den Händen der Pseudokirche liegt und die Politiker in Wirklichkeit alle nur Puppen in ihrer Hand sind.

Gegen Ende der Trübsalszeit zerschlägt der Antichrist und sein Bundesstaat die falsche endzeitliche Kirche (Off. 17, 12-16) und alle religiöse Verehrung hat von nun an nur noch ihm zu gelten.

Das ist das Gericht über die große Hure Babylon, wie es in den Kapiteln 17 und 18 der Offenbarung berichtet wird. Kapitel 17 schildert die Zerschlagung der abtrünnigen Welteinheitskirche, Kapitel 18 die Vernichtung ihres Sitzes, das heißt der Siebenhügelstadt Rom.

Im Auftrag Gottes vollzieht das Tier (der Antichrist) und seine Gefolgschaft (der europäische Bundesstaat) den

Richterspruch an der Hure Babylon (Welteinheitskirche), ehe sie zuletzt selber das Urteil empfangen. So bedient sich Gott sogar der satanischen Mächte, um das gottlose Babylon (Rom) zu strafen.

Hier noch einmal die Reihenfolge der geschilderten Ereignisse: Zerstörung der russischen Weltmacht; Zerschlagung der Vereinigten Weltkirche.

Sind erst einmal die beiden Hauptmächte der Welt vernichtet, hindert den Antichristen nichts mehr daran, seinen Einfluß über die ganze Welt auszudehnen. Alles wird sich vor ihm beugen müssen.

Zerstörung der Siebenhügelstadt

In Offenbarung 18 lesen wir: „Einen anderen Engel sah ich danach vom Himmel herabsteigen. Er hatte eine besondere Vollmacht, und der Weltkreis erstrahlte in seinem Lichtglanz.

Mit starker Stimme rief er: 'Gefallen! Gefallen ist das große Babylon! Behausung von Dämonen ist sie geworden, Wohnstatt niedriger Höllengeister, Nistplatz aller schmutzigen Aasfresser unter den Vögeln!

Denn von dem furchtbaren Giftwein ihrer Sinnenlust haben alle Völker getrunken, und die Könige haben sie geliebt im Rausch des Vergnügens, und die Händler der Erde sind reich geworden an ihrer prallen üppigen Kraft!'

Eine andere Stimme hörte ich vom Himmel her: 'Zieh aus mein Volk! Trenne dich von ihr, daß dich die Strafe nicht mittrifft, die sie für ihre Sünden empfängt.

Denn ihre Verbrechen türmen sich bis zum Himmel, und Gott hat all ihre Schandtaten vor Augen.

Wie sie bezahlt hat, wird ihr wiederbezahlt. Doppelt, ja doppelt wird jede Tat ihr vergolten. Der Becher, den sie trank, wird ihr doppelt gefüllt.

Was sie an Wollust und Lebensfülle genoß, wird sie doppelt empfangen an Schmerzen und Leid, denn sie prahlt in ihrem Herzen: Wie eine Königin lebe ich, Männer in Menge lieben mich - ich bin doch keine Witwe! - und Schmerzen kenne ich nicht!

An einem einzigen Tage wird alles Unheil über sie kommen: Tod, Leid und Hunger! Im Feuer wird sie zu Asche werden, denn es ist der mächtige Gott, der mit ihr abrechnet.

Weinen und wehklagen werden über sie die Könige der Erde, die sie vergötterten und mit ihr schwelgten, wenn sie den Rauch aufsteigen sehen über dem Feuer, das sie verbrennt!

Von ferne werden sie zusehen im Grauen vor ihrer Strafe und schreien: 'Wehe! Wehe! Du große Stadt! Babylon, du mächtige Stadt! In einer Stunde bist du vernichtet!

Die Händler der Erde werden über sie weinen und jammern, denn niemand wird künftig ihre Ware kaufen:

Die Massen von Gold und Silber und edlem Gestein, von Perlen, Leinen und Purpur, Seide und Scharlach, all das wohlriechende Tujaholz, die Geräte aus Elfenbein, die Gefäße aus kostbaren Hölzern, die Lasten von Erz und Eisen und Marmor, von Zimt, Balsamholz und Räucherwerk, Myrrhe und Weihrauch, die Fülle von Wein und Öl, Mehl und Getreide, die Rinder und Schafe, die Pferde und Wagen, die Menschenleiber und Menschenseelen!

Ach, die herrlichen Früchte, nach denen dein Herz verlangte, sind dir genommen, all dein Schimmer und Schein sind von dir gewichen, du suchst sie vergeblich!

So werden die Händler stehen und klagen. Sie sind reich geworden durch die große Stadt, nun stehen sie da und schauen von ferne zu im Grauen über ihre Qual.

Und rufen: Wehe! Wehe! Du große Stadt! Mit kostbarem Leinen, mit Purpur und Scharlach warst du beklei-

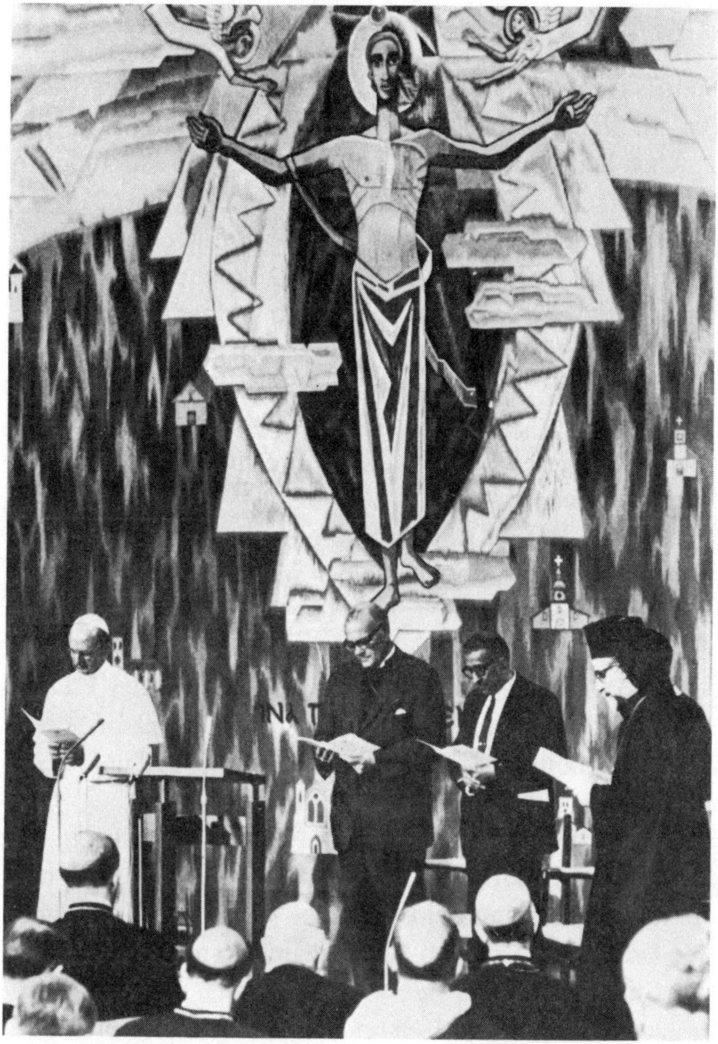

Historischer Besuch des Papstes beim Weltkirchenrat in Genf am 10. 6. 1969. Von links nach rechts: Papst Paul VI., der Generalsekretär des Weltkirchenrates Eugene Carson-Blake, sowie die Mitglieder des Zentralausschusses des Weltkirchenrates M. M. Thomas (Indien) und Metropolit Meliton von Chalcedon. Foto: dpa.

det, übergoldet warst du mit Gold, mit Edelsteinen geschmückt und mit Perlen.

In einer Stunde ist dein Reichtum dahin! Und die Schiffsherrn und die Seeleute, die Steuerleute und alle, die auf Schiffen arbeiten, werden von ferne stehen.

Und beim Anblick des Rauchs über der brennenden Stadt aufschreien: Wer ist der großen Stadt gleich?

Sie werden Staub auf ihre Köpfe streuen und werden weinen und klagen: Wehe! Wehe! Du große Stadt! Durch dich wurden wir reich, alle, die auf dem Meer fahren, durch deinen Reichtum! In einer Stunde bist du verwüstet!

Aber freue dich über sie, du Himmel! Freut euch, alle Heiligen, ihr Apostel und ihr Propheten! Gott hat Gerechtigkeit geschaffen und das Unrecht vergolten, das an euch begangen wurde.

Und ein starker Engel nahm einen Felsblock - der sah aus wie ein riesiger Mühlstein - und schleuderte ihn ins Meer mit dem Ruf: 'So mit einem einzigen Wurf wird Babylon gestürzt, die große Stadt, und versinkt!'

Den Klang der Harfenspieler und Sänger, der Flötenbläser und Trompeter wird man in dir nicht mehr hören, kein Künstler wird in dir leben, der irgendeine Kunst kann, und der Laut der Mühle wird schweigen.

Das Licht der Lampe wird für immer verlöschen, die Stimme des Bräutigams und der Braut werden für immer verstummen. Denn deine Händler waren die Machthaber der Erde, durch deinen Zaubertrunk kamen alle Völker von Sinnen.

Das Blut der Propheten und der Heiligen und aller Blut, die auf der Erde als Opfer starben, floß in deinen Mauern".

Das Gericht an der großen Stadt wird an einem einzigen Tag vollzogen werden. Ihre Zerstörung wird so umfassend sein, daß seine Trümmer nur noch Dämonen und unreinem Getier zur Behausung dienen. Ähnliches sagt der Prophet Jesaja (Jes. 13, 19) von der Zerstörung des alten Babylon, dem Gegenbild des endzeitlichen Babylon:

„So wird denn Babylon, das Schmuckstück unter den Königreichen, die stolze Pracht der Chaldäer, das gleiche Schicksal haben wie Sodom und Gomorra, die Gott von Grund aus zerstört hat."

In Offenbarung 16, 19-21 finden wir noch Genaueres über den Vorgang des Strafgerichtes:

„Da zerfiel die große Stadt in drei Teile, und die Städte der Völker stürzten ein, und der großen Stadt Babylon wurde von Gott gedacht, um ihr den Becher mit dem Glutwein seines Zorns zu reichen.

Auch alle Inseln verschwanden, und Berge waren nicht mehr zu finden.

Und ein gewaltiger Hagelschlag mit pfundschweren Stücken fiel vom Himmel auf die Menschen herab; aber die Menschen lästerten Gott trotzdem wegen der Plage des Hagels; denn dessen Plage ist ganz entsetzlich."

Harmagedon

Damit ist das Gericht über Babylon beendet. Die abtrünnige Welteinheitskirche hat ihre Bestrafung erhalten, und die Ereignisse eilen nun ihrem Höhepunkt entgegen: der großen Entscheidungsschlacht von Harmagedon. Eine unheimliche Streitmacht aus allen Völkern der Erde zieht gegen Jerusalem heran (Joel 3; Off. 14; 19).

Wie es im einzelnen zu dieser Endschlacht kommt, wird uns in der Schrift nicht ganz enthüllt. Die es erleben müssen, werden sehen, wie sich eins zum anderen fügen wird. Aus den entsprechenden Prophetien könnte sich jedoch meiner Ansicht nach folgender Ablauf der Ereignisse ergeben:

Der Antichrist, der Führer des europäischen Bundesstaates, verlegt seinen Sitz nach Jerusalem, von wo aus er nicht nur über Israel und Europa regieren wird, sondern seinen Einfluß in der ganzen Welt geltend macht. Gegen Ende der Trübsalszeit wird Israel von einem riesigen Heer bedroht, das aus 200 Millionen Soldaten besteht. Die Kriegsscharen ziehen aus dem Osten heran, um dem europäischen Bundesstaat seine Weltherrschaftsansprüche streitig zu machen. Wir zeigten in diesem Zusammenhang bereits auf, daß ein Heer dieser Größe bei einer Weltbevölkerung von 3,5 Milliarden Menschen schon heute durchaus vorstellbar ist und wiesen darauf hin, daß China bereits über 200 Millionen organisierte Milizsoldaten verfügt.

Die feindliche Streitmacht hat die Aufgabe, Jerusalem zu zerstören und die Weltherrschaft des Antichristen zu brechen. Der Antichrist beschließt, sich zum Kampf zu stellen. Er möchte jedoch den Kampf dort austragen, wo für ihn die besten Siegesaussichten bestehen; deshalb stellt er seine Soldaten in den Bergen Judäas auf, wo die natürlichen Gegebenheiten eine bessere Verteidigung erlauben.

Plötzlich geschieht etwas Unerwartetes. Wir lesen darüber in Offenbarung 19, 11-18. Weil wir diesen Abschnitt für sehr wichtig halten, führen wir ihn hier ganz an:

„Da sah ich den offenen Himmel und schaute ein weißes Pferd. Auf ihm ritt einer, der trug die Namen 'Treue' und 'Wahrheit', für die Gerechtigkeit tritt er ein, für die Gerechtigkeit kämpft er.

Seine Augen flammten wie Feuer, auf seinem Haupt schimmerten viele Kronen. Seinen Namen trug er an sich geschrieben, aber ich konnte ihn nicht lesen, er kennt ihn allein.

Er trug ein Kleid, das die blutigen Spuren des Kampfes trug, er, das Wort Gottes!

Und die Heere des Himmels folgten ihm nach, Reiter auf weißen Pferden, in reine weiße Leinwand gekleidet.

Sein Mund ist seine Waffe: ein scharfes Schwert! Mit ihm wird er die Gottesverächter treffen, mit einem eisernen Stock wird er sie dahintreiben! Er wird den Willen Gottes ausführen und sein Urteil vollstrecken, das Gericht des Herrschers der Welt.

Auf seinem Mantel und an seiner Hüfte steht sein Name (nun konnte ich ihn lesen!): *KÖNIG DER KÖNIGE! HERR DER HERREN!*

Und ich sah einen Engel in der Sonne stehen, der den Vögeln in der Höhe des Himmels zurief: Auf! Sammelt euch zum großen Fraß, den Gott euch bereitet!

Freßt Königsfleisch und Feldherrnfleisch, Fleisch von Mächtigen, Fleisch von Pferden und Reitern, von Hohen und Niedrigen, Kleinen und Großen!"

Wenn sich die Heere des Antichristen und die asiatischen Mächte kampfbereit gegenüberstehen, öffnet sich plötzlich der Himmel und die beiden feindlichen Armeen erkennen, daß sich etwas Übernatürliches abspielt. Sie machen aus der Not heraus gemeinsame Sache und richten ihren Angriff gegen Christus, der mit seinen himmlischen Heerscharen auf weißem Pferd vom Himmel herabkommt. Auf seinem Gewand und auf der Hüfte trägt er den Titel der ihm von seinem Vater verliehenen Würde: *„KÖNIG ALLER KÖNIGE"* und *„HERR ALLER HERREN"*. Schließlich erkennt der Antichrist, daß er mit seinen Heeren und allen Armeen der Welt gegen Jesus nichts auszurichten vermag, und die Prophetie von Matthäus 24, 30 erfüllt sich.

Dort heißt es: „Und dann wird das Zeichen des Menschensohnes am Himmel erscheinen, und dann werden alle Geschlechter wehklagen, wenn sie den Menschensohn auf den Wolken des Himmels mit großer Macht und Herrlichkeit kommen sehen."

Der zweite Psalm enthält eine der ausführlichsten

Schilderungen jener endzeitlichen Vorgänge, obgleich er schon vor langer Zeit geschrieben wurde.

David sieht in prophetischer Schau den Sieg Gottes und des von ihm gesalbten Messias über die tobende Völkerwelt der Endzeit. Die Mächte der Welt wollen verhindern, daß Gott seinen König auf dem Thron Davids zum Weltherrscher einsetzt. Aber ihre Rebellion versagt kläglich. In Vers 4 des obigen Psalmes heißt es dann: „Der im Himmel thront, lacht, der Allherr spottet ihrer!"

Die endzeitliche Prophetie zeigt also deutlich, daß in den letzten Tagen der Nahe Osten zum Brennpunkt der Weltgeschichte werden wird. In der Schlacht von Harmagedon, von der nicht nur in Offenbarung 16 sondern auch in Sacharja 14, Joel 3 und Jesaja 63 gesprochen wird, fällt die Entscheidung zwischen den Mächten des Bösen und den himmlischen Heerscharen. Erstere werden durch ein direktes Eingreifen Gottes vernichtet. U. a. wird sich ein riesiges Erdbeben ereignen, durch das die Stadt Babylon (das endzeitliche Rom?) in drei Teile zerfällt (Off. 16, 19). Überall in der Welt verwandeln sich Städte in Trümmerhaufen, Inseln verschwinden, Berge sind nicht mehr zu finden. Ein gewaltiger zentnerschwerer Hagel fällt auf die Menschen nieder.

„Weiter sah ich das Tier (Antichrist) und die Könige der Erde und ihre Heere versammelt, um mit dem auf dem Roß sitzenden Reiter und mit seinem Heer zu kämpfen.

Da wurde das Tier gefangengenommen, und mit ihm der Lügenprophet, der die Wunderzeichen vor seinen Augen getan und dadurch die verführt hatte, welche das Malzeichen des Tieres trugen und sein Bild anbeteten; bei lebendigem Leibe wurden die beiden in den Feuersee geworfen, der mit Schwefel brennt.

Die übrigen aber wurden mit dem Schwert getötet, das aus dem Munde des auf dem Rosse sitzenden Reiters

BRUTSTÄTTEN DES KRIEGES:
In diesem Jahrhundert gab es bisher 128 bewaffnete Konflikte

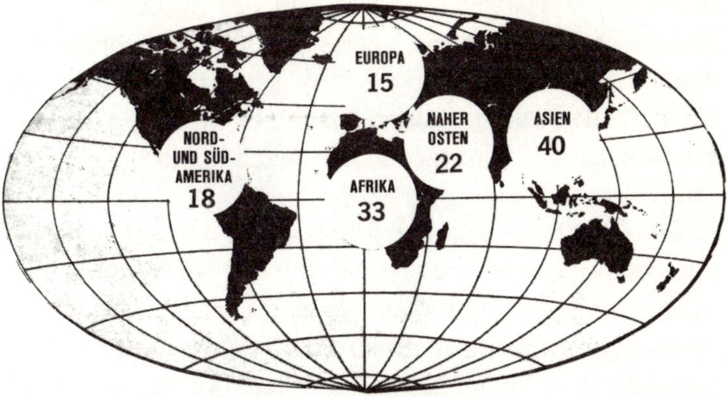

Vereinigte Staaten: Verwicklung in 16 „Konfliktsituationen"

1899-1902	Philippinischer Aufstand
1901	Boxeraufstand
1910-1920	Mexikanischer Bürgerkrieg
1914	Invasion Haitis
1917-1918	1. Weltkrieg
1917-1920	Russische Revolution und Bürgerkrieg
1941-1945	2. Weltkrieg
1950-1953	Koreakrieg
1954	Amerikanische Intervention in Guatemala
1954-1958	Bombardierungen von Quemoy-Matsu
1958	Libanesischer Bürgerkrieg
1959	Laotischer Bürgerkrieg
1961	Dominikanische Krise
1962	Vietnamkrieg
1964	Kongoaufstand
1965	Dominikanischer Bürgerkrieg

Die verlustreichsten Kriege des Jahrhunderts

Russisch-japanischer Krieg (1904-1905)	130.000 Tote
Balkankrieg (1912-1913)	162.500 Tote
Kolumbischer Bürgerkrieg	200.000 Tote
Vietnamkrieg (seit 1962)	317.650 Tote
Spanischer Bürgerkrieg (1937-1939)	431.000 Fronttote 225.000 Ziviltote
Koreakrieg 1950-1953	581.823 Fronttote 400.000 Ziviltote
1. Weltkrieg (1914-1918)	8.418.000 Fronttote 1.300.000 Ziviltote
2. Weltkrieg (1939-1945)	16.933.000 Fronttote 34.305.000 Ziviltote

Source: "Conflict in the Twentieth Century" by David Wood, the Institute for Strategic Studies, London

hervorging; und alle Vögel sättigten sich an ihrem Fleische" (Off. 19, 19-21).

Die Heere der Völker werden vernichtet. Der Antichrist wird gefangen und mit ihm der falsche Prophet, dessen Wunderkraft versiegt ist. Beide werden bei lebendigem Leibe in den feuerigen Pfuhl geworfen, wo sie ewige Pein erleiden sollen. Hierbei handelt es sich nicht um eine symbolische Redeweise, sondern einen konkreten Ort der Strafe.

Die Anhänger des Antichristen und des falschen Propheten werden auf der Stelle durch das Schwert aus dem Munde Christi getötet; niemand wird verschont. Das Land Israel wird sich sattrinken an Blut (siehe Jesaja 34, 1-8). Das Blut wird bis hinauf an die Zügel der Pferde stehen und sich 1600 Stadien (296 Kilometer) weit ergießen (Off. 14,18-20).

Mit der Schlacht von Harmagedon findet die siebenjährige Zeit der Trübsal ihren Abschluß. Nun errichtet Christus sein sichtbares Reich auf Erden und regiert mit seinen Heiligen (den wiedergeborenen Christen) tausend Jahre lang. Satan wird gebunden in den Abgrund geworfen, wo er tausend Jahre lang festgehalten wird.

„Da sah ich einen Engel aus dem Himmel herabkommen, der den Schlüssel zum Abgrund und eine große Kette in seiner Hand hatte.

Er ergriff den Drachen, die alte Schlange - das ist der Teufel und der Satan -, legte ihn auf tausend Jahre in Fesseln, warf ihn in den Abgrund, verschloß den Eingang und brachte über ihm ein Siegel an, damit er die Völker nicht mehr verführe, bis die tausend Jahre zu Ende sind; danach muß er auf kurze Zeit noch einmal freigelassen werden" (Off. 20,1-3).

Der Teufel ist endlich bezwungen, so daß die Völker unbehelligt von ihm bleiben. Die Heiligen werden nun mit

Christus tausend Jahre lang das Amt der Richter, Priester und Könige ausüben.

Wenn die tausend Jahre um sind, wird Satan noch einmal für kurze Zeit losgelassen, um alle, die während des Millenniums geboren wurden, auf die Probe zu stellen. Das ist sein letzter Versuch, die Herrschaft an sich zu reißen und Gott zu besiegen. Er wird jedoch eine völlige Niederlage erleiden und in den Feuerpfuhl geworfen zu dem Tier und dem falschen Propheten.

„Wenn dann aber die tausend Jahre zu Ende sind, wird der Satan aus seinem Gefängnis freigelassen werden.

Und er wird sich aufmachen, um die Völker an den vier Enden der Erde zu verführen, den Gog und den Magog, um sie zum Kampf zusammenzubringen; deren Zahl ist wie die des Sandes am Meer.

Sie zogen dann auf die Hochebene der Erde hinauf und umzingelten das Heerlager der Heiligen und die geliebte Stadt. Da fiel Feuer vom Himmel herab und verzehrte sie.

Und ihr Verführer, der Teufel, wurde in den Feuer- und Schwefelsee geworfen, in welchem sich auch das Tier und der Lügenprophet befinden; dort werden sie bei Tag und bei Nacht in alle Ewigkeit gepeinigt werden."

Der letzte Teil des 20. Kapitels der Offenbarung schildert dann das Gericht über die Ungläubigen, das heißt alle, die nicht an der ersten Auferstehung teilgehabt hatten. Offenbarung 20, 15 ist vielleicht der erschütterndste Vers in der ganzen Bibel. Im vorausgehenden Vers 14 heißt es:

„Hierauf wurden der Tod und das Totenreich in den Feuersee geworfen. Dies ist der endgültige Tod, nämlich der Feuersee."

Im Vers 15 lesen wir dann, daß alle, deren Namen nicht im Buch des Lebens eingeschrieben sind, zum endgültigen Tod verurteilt werden und in den Feuersee geworfen werden, wo sich bereits der Antichrist und der falsche Prophet befinden.

Wer, so muß man fragen, ist nicht im Buch des Lebens eingeschrieben: Alle Ungläubigen, das heißt alle, die das Heil in Christus abgewiesen haben, die ihre Sünde nicht im Blut des Lammes getilgt haben. Die Bibel sagt ganz klar: Wer Christus nicht als seinen Herrn und Retter persönlich im Glauben annimmt, geht verloren.

Stellt Dich das, lieber Leser, nicht vor eine schwerwiegende Entscheidung?

Vielleicht baust Du auf Deine guten Werke, Deine Freundlichkeit, Hilfsbereitschaft, kurzum, auf Deine Mitmenschlichkeit? All dies kann Dir jedoch das Heil nicht verschaffen. Solange Deine Sünden durch die Kreuzestat Jesu auf Golgatha nicht ausgelöscht sind, das heißt, solange Du das Opfer Christi am Kreuz nicht persönlich für Dich in Anspruch nimmst, bleibst Du ein Verlorener. Am Ende erwartet auch Dich dann der Feuersee, der ewige Tod, der allen Ungläubigen verheißen ist.

Es bleiben also nur zwei Möglichkeiten: Entweder, Du baust im Glauben auf Christus, übergibst ihm ganz Dein Leben, oder Du weist die Frohe Botschaft der Bibel ab und verläßt Dich auf Deinen eigenen, zurechtgezimmerten Glauben oder irgendwelche überkommene Anschauungen. Solltest Du die letztere Möglichkeit vorziehen, so rate ich Dir, Vers 15 von Offenbarung 20 eingerahmt über Deiner Tür aufzuhängen und immer wieder zu lesen, denn er sagt Dir klar, was Dich einst erwartet. Er lautet:

„Und wenn jemand nicht im Buch des Lebens verzeichnet gefunden wurde, so wurde er in den Feuersee geworfen."

Wir hörten soeben vom blutigsten Entscheidungskampf der Völker der Welt und den Heerscharen Gottes in der Schlacht von Harmagedon.

Aber auch Du selber hast einen großen persönlichen Kampf auszufechten. Entweder stehst Du auf seiten Gottes oder auf seiten Satans. Für *eine* Seite mußt Du Partei ergreifen. Bist Du nicht für Gott, so bist Du gegen Gott.

Welche Entscheidung triffst Du persönlich? Stellst Du Dich auf die Seite des Guten, trittst Du in die Streitschar Christi ein, indem Du gläubig wirst, oder stellst Du Dich durch Gleichgültigkeit und Nachlässigkeit automatisch auf die Seite des Bösen? Im ersteren Falle gewinnst Du ewiges Leben, andernfalls verspielst Du auf ewig Dein Glück!

Es ist mein Gebet, daß auch Du Christus als Deinen persönlichen Herrn und Heiland annimmst.

12

DIE BIBLISCHE PROPHETIE UND IHRE ECHTHEIT

Zu den überzeugendsten Beweisen dafür, daß es sich bei der Bibel um Gottes Wort handelt, gehört die *bereits erfüllte* biblische Prophetie.

In Jesaja 46, 9-10 lesen wir: „Denkt an die früheren Weissagungen zurück von der Urzeit her, daß ich Gott bin und sonst keiner, eine Gottheit, der nichts vergleichbar ist! Ich habe von Anfang an den Ausgang kundgetan und seit der Vorzeit das, was noch ungeschehen war; ich gebiete: 'Mein Ratschluß soll zustande kommen!' und alles, was mir beliebt, führe ich aus."

Betrachten wir einige wichtige Stellen biblischer Prophetie, die bereits in Erfüllung gegangen sind.

Im 8. Jahrhundert vor Christus verkündete der Prophet Nahum über die verderbte Hauptstadt der Assyrer, Ninive, folgenden Spruch:

„... Vernichtung wird er herbeiführen; nicht zum zweiten Mal braucht die Drangsal sich zu erheben ... ich will dir dein Grab herrichten; denn zu leicht bist du erfunden worden ... 'Nunmehr will ich gegen dich vorgehen' – so lautet der Ausspruch des Herrn der Heerscharen – 'und will deine Kriegswagen in Rauch aufgehen lassen; deine jungen Leute soll das Schwert fressen, und ich will deinem Rauben auf der Erde ein Ende machen, und die Stimme deiner Boten soll man fortan nicht mehr vernehmen!'" (Nahum 1, 9-14; 2, 14).

Etwa hundert Jahre später wiederholte der Prophet Zephanja sinngemäß das gleiche.

Er verkündete: „Hierauf wird er seine Hand gegen Norden ausstrecken, wird Assyrien vernichten und Ninive zur Wüste machen, zu dürrem Lande wie die Steppe" (Zeph. 2, 13).

Damals, als die Propheten dies verkündeten, war Ninive die Königin der Städte, die Hauptstadt des Weltreiches Assyriens; es hatte mehrere 100 000 Einwohner. Seine Stadtmauern waren 30 Meter hoch und so breit, daß drei Kriegswagen nebeneinander darauf Platz fanden. Außerdem besaßen sie 1500 Wehrtürme, die über 60 Meter hoch waren.

Wie unglaublich und weltfremd mußten diese Weissagungen damals den Menschen vorkommen. Ninive, die blühende Stadt sollte vernichtet werden? Lächerlicher Gedanke! Es wäre so ähnlich, als wenn heute jemand prophezeien würde, in 100 Jahren werde New York nur noch ein Schutthaufen sein.

Aber was geschah? Hundert Jahre nachdem die Weissagung des Propheten Nahum ergangen war, verschwand die große Stadt Ninive aus der Geschichte. Erst viele Jahrhunderte später entdeckte man wieder den Ort, wo es einst gestanden hatte.

Gottes Verheißung an Abraham

Zwei Jahrtausende vor Christus erging die Verheißung Gottes an Abraham: „Ich will deine Nachkommenschaft so zahlreich werden lassen wie den Staub der Erde, so daß, wenn jemand den Staub der Erde zu zählen vermöchte, auch deine Nachkommenschaft zählbar sein sollte" (1. Mose 13, 16).

Abraham war noch kinderlos und seine Frau bereits alt, als diese Verheißung an ihn erging.

Heute gibt es schätzungsweise 13 000 000 Juden. Sowohl diese, als auch die arabischen Völker betrachten Abraham als ihren Stammvater.

Erfüllte Prophetie über Jesus von Nazareth

Allein das Matthäus-Evangelium bezieht sich auf 106 alttestamentliche Stellen, die im Leben Jesu in Erfüllung gegangen sind.

Im folgenden bringen wir einige messianische Weissagungen des Alten Testaments, die sich im Neuen Testament erfüllt haben.

Weissagung: „Du aber, Bethlehem-Ephrata, bist zwar zu klein, als daß du zu den Gaustädten Judas gehörtest, aber aus dir wird mir der hervorgehen, der in Israel Herrscher sein soll und dessen Herkunft der Vergangenheit, den Tagen der Urzeit angehört" (Mi. 5, 1; 700 Jahre v. Chr.).

Erfüllung: „Als nun Jesus zu Bethlehem in Judäa unter der Regierung des Königs Herodes geboren war . . . " (Matth. 2, 1). „Jesus antwortete: 'Wahrlich, wahrlich, ich sage euch: Ehe Abraham geboren ward, bin ich'" (Joh. 8, 58).

Weissagung: „Frohlocke laut, Tochter Zion! Brich in Jubel aus, Tochter Jerusalem! Siehe, dein König kommt zu dir; gerecht und ein Retter ist er, demütig und reitet auf einem Esel, auf einem Füllen, dem Jungen einer Eselin" (Sach. 9, 9; 500 v. Chr.).

Erfüllung: „Als nun die Jünger hingegangen waren und den Auftrag Jesu ausgerichtet hatten, führten sie die Eselin mit dem Füllen herbei, legten ihre Mäntel auf sie, und er setzte sich darauf. Die überaus zahlreiche Volksmenge breitete ihre Mäntel auf dem Weg aus, andere hieben Zweige von den Bäumen ab und streuten sie auf den Weg; und die Scharen, die im Zuge vor ihm hergingen und welche ihm nachfolgten, riefen laut: Hosianna dem Sohne Davids! Gepriesen sei, der da kommt im Namen des Herrn!" (Matth. 21, 6-10).

Weissagung: „Meinen Rücken habe ich denen hingehalten, die mich schlugen; meine Wangen denen, die mir den Bart rauften; mein Angesicht habe ich vor Beschimpfungen und Speichelwurf nicht verhüllt" (Jes. 50, 6; 700 Jahre v. Chr.).

Erfüllung: „Hierauf spieen sie ihm ins Angesicht und schlugen ihn mit den Fäusten; andere gaben ihm Backenstreiche (Matth. 26, 67).

Weissagung: „. . . er wurde unter die Übeltäter gezählt, während er doch die Sünden der vielen getragen hat und für die Übeltäter fürbittend eingetreten ist" (Jes. 53, 12; 700 Jahre v. Chr.).

Erfüllung: „Als sie nun an den Platz gekommen waren, der Schädelstätte heißt, kreuzigten sie dort ihn und die beiden Verbrecher, den einen zu seiner Rechten, den anderen zu seiner Linken . . . Jesus aber sprach: 'Vater, vergib ihnen, denn sie wissen nicht, was sie tun!'" (Luk. 23, 33-34).

Weissagung: „Sie teilen meine Kleider unter sich und werfen das Los über mein Gewand" (Psalm 22, 19; 1000 Jahre v. Chr.).

Erfüllung: „Als nun die Soldaten Jesus gekreuzigt hatten, nahmen sie seine Kleidungsstücke und machten vier Teile daraus . . . das Unterkleid aber war ohne Naht, von oben an in einem Stück gewebt. Da sagten sie zueinander: 'Wir wollen es nicht zerschneiden, sondern darum losen, wem es gehören soll' . . . " (Joh. 19, 23-24).

Weissagung: „Alle meine Gebeine kann ich zählen: sie aber blicken mich an und weiden sich an dem Anblick" (Psalm 22, 18; 1000 Jahre v. Chr.).

Erfüllung: „Als sie aber zu Jesus kamen und sahen, daß er bereits tot war, da zerschlugen sie ihm die Schenkel nicht" (Joh. 19, 33).

Weissagung: „Denn du gibst meine Seele dem Totenreich nicht preis, du läßt deinen Frommen nicht schauen die Vernichtung" (Ps. 16, 10; 1000 Jahre v. Chr.).

Erfüllung: „Der Engel aber wandte sich an die Frauen mit den Worten: 'Fürchtet euch nicht! Denn ich weiß, daß ihr Jesus den Gekreuzigten sucht. Er ist nicht mehr hier, denn er ist auferweckt worden, wie er es vorausgesagt hat" (Matth. 28, 5-6).

Erfüllte prophetische Worte Jesu

Drei Jahre vor seiner Kreuzigung sagte Jesus dieses voraus (Joh. 3, 14). Er beschrieb schon im voraus genau, wie ihn seine Feinde nach der Gefangennahme behandeln würden (Mark. 10, 32-34).

Drei Jahre vor seiner Auferstehung sprach Jesus bereits von diesem Ereignis (Joh. 2, 19).

Viele Hundert prophetischer Stellen der Schrift haben sich bereits auf den Buchstaben genau erfüllt. Müßte das nicht jeden Zweifler davon überzeugen, daß auch die bisher noch unerfüllte Prophetie, die von noch ausstehenden Ereignissen der Endzeit handelt, ebenfalls *buchstäblich* in Erfüllung gehen wird? Die Ereignisse von morgen sind schon viele Jahrhunderte lang in der Bibel verborgen. Ist es nicht etwas Wunderbares, daß wir heute lebenden Menschen Zeugen der Ereignisse werden, wie sie von den inspirierten Schreibern der Bibel schon vor vielen Jahrtausenden für die Endzeit vorhergesagt wurden?

13

DER WEG IN DIE FREIHEIT

In unserem Buch betrachteten wir zunächst die Welt von heute und machten auf einige der Hauptgefahren unserer Zeit aufmerksam:

1. Die zunehmende Gesetzlosigkeit und das rücksichtslose Streben nach dem rein Diesseitigen.
2. Die starken Bestrebungen zur Bildung einer Welteinheitskirche.
3. Die Gefahren unserer technologischen Welt: Umweltverseuchung, drohende Bevölkerungsexplosion.
4. Bedrohung durch Massenvernichtungswaffen, Hungersnöte, Seuchen, Rüstungswettlauf.
5. Der Trend, immer mehr Macht einem einzelnen bzw. der Regierung zu übertragen.

Dann sprachen wir über die kommenden Ereignisse der Endzeit:

1. Der kommende Tag der Entrückung, da viele Millionen von Gläubigen Christus in die Luft entgegengerückt werden.
2. Das Erscheinen des Antichristen - sein anfängliches Auftreten als Friedensstifter - seine Ernennung zum Führer eines westeuropäischen Staatenbundes - seine unbeschränkte Vollmacht - sein Anspruch auf die Weltherrschaft.
3. Das Auftreten des falschen Propheten und Wundertäters - die Propagierung des Antichristen als Messias.

4. Die erste Periode (3½ Jahre) der siebenjährigen Trübsalszeit - der Scheinfriede - kommende Schreckenszeit.
5. Einfall Rußlands in Israel - Vernichtung der russischen Weltmacht.
6. Die zweite Periode (3½ Jahre) der siebenjährigen Trübsalszeit - die wahren Ziele des Antichristen und des falschen Propheten - das Zeichen des Tieres und die erzwungene Anbetung des Antichristen - Verfolgung der Jünger Jesu.
7. Die große Entscheidungsschlacht bei Harmagedon - Christi Sieg über die feindlichen Heerscharen - Antichrist und falscher Prophet im Feuersee - Bindung Satans auf tausend Jahre.
8. Das Tausendjährige Reich - Das Gericht über die unerretteten Toten. Schaffung eines neuen Himmels und einer neuen Erde - ewige Freude der Erlösten in der Gemeinschaft mit Gott.

Das ist in großen Zügen das Bild der kommenden Ereignisse.

In unserer Zeit, wo man auf die Wissenschaft schwört, zählen bei vielen Menschen nur kalte, harte Tatsachen. Von Dingen, die auf Glauben beruhen, hält man nicht viel, obwohl man sich tagtäglich in vielen Situationen auf seinen Glauben verlassen muß, z. B. bei einer Flugreise, beim Überqueren einer Brücke, beim Rundfunkhören, vor dem Fernsehapparat usw. In all diesen Fällen ist es doch nur den wenigsten möglich, die komplizierten technischen Zusammenhänge zu durchschauen, die mit dem Flug eines Flugzeugs, der Übertragung von Rundfunksendungen usw. zu tun haben. Die meisten müssen ganz einfach all dies als gegeben annehmen.

Beim Schreiben dieses Buches habe ich mich ganz bewußt auf die Bibel gestützt, das heißt im Glauben angenommen, was sie zu sagen hat. Ich verlasse mich auf die ganze Bibel, vom ersten Buch Mose bis zur Offenbarung. Auch bei der Schilderung der letzten Tage und der Trübsalszeit habe ich mich allein auf das inspirierte Gotteswort gestützt. Wo die Bibel spricht, habe auch ich zu sprechen versucht, wo sie schweigt, habe auch ich möglichst wenig gesagt. In manchen Einzelfragen kann man anderer Meinung sein. Aber darauf kommt es ja gar nicht an. Wichtig ist, daß die Hauptzüge der kommenden Ereignisse dem Leser klar vor Augen stehen. Alle Einzelheiten werden erst dann offenbar werden, wenn die Prophetie einst wirklich in Erfüllung gehen wird.

Wer die Bibel als Wort Gottes annimmt, dem macht es nicht viel Mühe, den Plan Gottes für die Endzeit in seinen Hauptzügen zu verstehen.

Der Apostel Paulus schreibt im ersten Korintherbrief unter Eingebung des Heiligen Geistes hierzu folgendes:

„Was wir reden, ist eine Weisheit, die von Gott kommt und die sein Geheimnis birgt. Sie ist verborgen, und Gott hat sie uns bereitgelegt, ehe die Welt entstand, um uns an seinem Lichtglanz Anteil zu geben.

Keine der unsichtbaren, dunklen Mächte, die über diese Menschenwelt herrschen, hat sie begriffen, sonst hätten sie den, der ein Herr ist über alle Herrlichkeit der göttlichen Welt nicht ans Kreuz gebracht.

Es ist, wie die Schrift sagt: ‚Was kein Auge sah, was kein Ohr hörte, was in keines Menschen Herz drang, hat Gott denen bereitet, die ihn lieben!'

Uns aber hat Gott es enthüllt durch den Heiligen Geist. Denn der Geist sucht und findet alles, auch was tief in Gott verborgen ist.

Was in einem Menschen verborgen ist, weiß kein anderer Mensch. Das weiß nur der Geist des Menschen selbst, der in ihm waltet. So weiß auch niemand, was in

Gott verborgen ist. Das weiß allein der Geist Gottes.

Der Geist aber, den wir empfangen haben, ist nicht von dieser Welt. Wir haben den Geist empfangen, der aus Gott ist, und verstehen und begreifen nun, was Gott uns geschenkt hat.

Darum reden wir auch nicht in der Schulsprache menschlichen Wissens, sondern in Worten, die uns der Geist lehrt. Was aus Gottes Geist ist, deuten wir in Worten, die der Geist eingibt.

Der natürliche Mensch faßt nicht, was Gottes Geist kundgibt. Er hält es für Unsinn und kann es nicht begreifen, denn um zu verstehen und zu beurteilen, was aus Gottes Geist kommt, ist wieder Gottes Geist nötig" (1. Kor. 2,7-14).

Dieses Buch, darüber ist sich der Verfasser klar, ist ein Stein des Anstoßes für jeden, der nicht an die wörtliche Inspiration der Bibel glaubt, und zwar der ganzen Bibel und nicht nur bestimmter Teile. Auch alle, die der Ansicht sind, nur bestimmte beauftragte Amtsträger einer bestimmten Kirche könnten und dürften die Bibel recht auslegen, werden sich an manchen Aussagen und Feststellungen stoßen.

Der Leser möge sich jedoch immer vor Augen halten, daß jeder einzelne persönlich die Entscheidung treffen muß, ob er die Bibel als das Wort für Wort vom Heiligen Geist eingegebene Wort Gottes annimmt und das darin verkündete Heil in Jesus Christus für sich in Anspruch nimmt und dadurch ewiges Leben erlangt, oder ob er sich durch Unglauben selbst das Urteil spricht und der ewigen Verdammnis in der Hölle verfällt.

Die Bibel gibt uns keine bestimmten Zeitpunkte für die Entrückung sowie den Beginn der Trübsalszeit an.

Manche Bibelkenner sind auch verschiedener Ansicht über den Zeitpunkt der sieben Siegelgerichte, der sieben

Posaunengerichte und der sieben Schalengerichte sowie darüber, welche Ereignisse sich in der ersten bzw. zweiten Hälfte der siebenjährigen Trübsal abspielen. Manche nehmen an, daß einige der Gerichte schon kurz vor der Entrückung und vor der Trübsalszeit über die Erde ergehen.

Tatsachen, die es festzuhalten gilt

Gott hat es für richtig befunden, uns nicht alle Einzelheiten seines Planes für die Endzeit zu offenbaren. Es ist immer so viel klar erkennbar, wie für die betreffende Zeit wichtig ist. Je näher wir den endzeitlichen Ereignissen rücken, desto klarer tritt die endzeitliche Prophetie vor unser Auge. Folgende Tatsachen stehen jedoch fest:

1. Die Bibel sagt aus, *daß* eine Entrückung der Heiligen stattfinden wird.

   „Denn der Herr selbst wird, sobald sein Weckruf ergeht, sobald die Stimme des Engelfürsten erschallt und die Posaune Gottes ertönt, vom Himmel herabkommen, und die Toten in Christus werden zuerst auferstehen.

   Darauf werden wir, die wir noch leben und übriggeblieben sind, zusammen mit ihnen auf Wolken dem Herrn entgegen in die Luft entrückt werden; und alsdann werden wir für immer mit dem Herrn vereint sein" (1. Thess. 4,16-17).
2. Die Bibel zeigt an, daß es eine Trübsalszeit von 7 Jahren geben wird (Dan. 9,24; vgl. Off. 11,2; 11,3; 12,6; 12,14 und 13,5).
3. Die Bibel zeigt an, daß Rußland mit seinen Verbündeten in Israel einfallen wird, um es zu erobern; Gott wird mit Naturkatastrophen wie Erdbeben, Hagelschlag usw. direkt eingreifen und die russischen Heere

vernichten. Das ist das Ende des russischen Kommunismus (Hes. 38; 39,1-16).

4. Die Bibel sagt aus, daß sieben Siegelgerichte über die Erde ergehen werden (Off. 6; 8).
5. Die Bibel sagt aus, daß sieben Schalengerichte über die Erde ergehen werden (Off. 15; 16).
6. Die Bibel sagt aus, daß nach diesen Gerichten die Schlacht von Harmagedon ausgetragen werden wird (Joel 3; Jes. 63; Off. 14,14-20; 16,12-16; 19,11-21).
7. Die Bibel sagt aus, daß zu jener Zeit der falsche Prophet und der Antichrist in den Feuersee geworfen werden (Off. 19,20; 20,10).
8. Die Bibel sagt aus, daß der Satan gebunden in den Abgrund geworfen wird (Off. 20,1-3).
9. Die Bibel sagt ferner aus, daß zu jener Zeit die Wiederkunft Christi mit seinen Heiligen (den Gläubigen) auf die Erde erfolgen wird, wo er das Tausendjährige Reich errichtet (Off. 20,4-6).
10. Die Bibel sagt weiter aus, daß am Ende der tausend Jahre Satan auf kurze Zeit freigelassen wird, um noch einmal die Menschheit zu versuchen (Off. 20,7-10).
11. Die Bibel sagt aus, daß viele, die in der Zeit des Tausendjährigen Reiches geboren sind und gelebt haben, sich von Christus abwenden und Satan nachfolgen werden (Off. 20,7-9).
12. Die Bibel sagt aus, daß am Ende dieser Zeit alle Ungläubigen in den Feuersee geworfen werden, wo sie zusammen mit Satan, dem Antichristen und dem falschen Propheten in alle Ewigkeit Qual erleiden müssen (Off. 20,15).

Christus, Herrscher der Welt

Etwa die Hälfte der sich auf Christus beziehenden biblischen Prophetie steht noch aus. Die gleichen Propheten, die uns bis auf den Buchstaben genau Jesu erstes Kommen vorausgesagt haben, künden auch von den endzeitlichen Ereignissen im Zusammenhang mit seiner Wiederkunft.

Dürfen wir nicht mit Recht annehmen, daß sich auch ihre endzeitlichen Ankündigungen wortwörtlich erfüllen?

Mit zu den wichtigsten Lehren der Bibel gehört die Lehre von der Wiederkunft Christi. Nur der Heilsverkündigung mißt sie noch mehr Bedeutung bei als den eschatologischen Aussagen über das zweite Kommen Jesu.

In den Krisenzeiten, in denen wir heute leben, sollten wir voller Erwartung unseren Blick auf den wiederkommenden Christus richten. Jesus hat selbst gesagt: „Wenn dies nun zu geschehen beginnt, dann richtet euch auf und hebt eure Häupter empor, denn eure Erlösung naht" (Luk. 21,28).

Lassen wir uns daher durch Meinungsverschiedenheiten in Einzelfragen der endzeitlichen Prophetie an Gottes Heilsplan nicht irre machen, und verlieren wir das Wesentliche nicht aus dem Blick.

Es ist schließlich unwichtig für Ihren persönlichen Glauben an Christus, ob die zweite Posaune in der ersten oder in der zweiten Periode der Trübsalszeit ertönen wird. Es ist für die Annahme des Heils in Christus auch unerheblich, ob es sich bei den feindlichen Heeren der Endzeit, die in Israel einfallen werden um Rußland, Deutschland und die arabischen Staaten oder um Rußland, Japan und die arabischen Staaten handelt. All dies hat für Sie persönlich und die wichtigste Entscheidung Ihres Lebens wenig Bedeutung, die Entscheidung nämlich, ob Sie die Ewigkeit im Himmel bei Gott oder in der Hölle mit Satan verbringen werden.

Die wichtigste Frage Ihres Lebens, auf die Sie vor Ihrem Tode eine Antwort geben müssen, lautet: *Was bedeutet mir Jesus Christus?*

Wollen Sie Jesus Christus als Ihren persönlichen Herrn und Erretter annehmen oder weisen Sie sein Heilsangebot zurück? Hierbei handelt es sich um Ihre ureigenste persönliche Entscheidung, die Ihnen niemand abnehmen kann. Bei Ihrer Entscheidung dürfen Sie sich nur auf das Wort Gottes, die Bibel gründen.

Dort heißt es: „Wer zu mir kommt, den werde ich nicht hinausstoßen . . . Wahrlich, wahrlich ich sage euch: ‚Wer da glaubt, hat ewiges Leben'" (Joh. 6,37,47).

Denen, die ihn abweisen, erweist er sich als ein gerechter und zürnender Gott.

„. . . Wer an ihn glaubt, wird nicht gerichtet: wer nicht an ihn glaubt, ist schon gerichtet, weil er nicht an den Namen des eingeborenen Sohnes Gottes geglaubt hat" (Joh. 3,18).

„Und wenn jemand nicht im Buch des Lebens verzeichnet gefunden wurde, so wurde er in den Feuersee geworfen" (Off. 20,15).

Ihre wichtigste Lebensentscheidung

Weil die Sünde durch die ersten Menschen in die Welt kam und Gott die Sünde unendlich haßt, hat er seinen Sohn Jesus Christus gesandt, um am Kreuz zu sterben und dadurch den Preis für meine und Ihre Sünde zu bezahlen.

Wenn Sie Ihr Vertrauen auf Gott setzen, wird er Ihnen bereitwillig Ihre Sünden vergeben.

„Denn durch die Gnade seid ihr gerettet worden auf Grund des Glaubens, nicht durch euer Verdienst - nein, Gottes Geschenk ist es, nicht auf Grund von Werken, damit sich niemand rühme" (Eph. 2,8-9).

„Wer mein Wort hört und dem glaubt, der mich gesandt hat, der hat ewiges Leben und kommt nicht ins Gericht, sondern ist aus dem Tode ins Leben hinübergegangen" (Joh. 5,24).

Haben *Sie* Jesus Christus schon als Ihren persönlichen Herrn und Heiland angenommen?

In diesem Augenblick können Sie die Wirklichkeit des neuen Lebens in Christus erfahren. In diesem Augenblick können Sie Sieger werden über all Ihre Zweifel in bezug auf Ihre Zukunft. In diesem Augenblick nimmt Christus in Ihrem Herzen Wohnung, wenn Sie ihn darum bitten. In diesem Augenblick können Sie Heilsgewißheit erlangen.

Ihr Reichtum, - Ihre ganze finanzielle Sicherheit - Ihr materieller Wohlstand, Ihre Häuser und sonstigen Besitzungen, all das wird in ein paar Jahren dahin sein.

In der Bibel heißt es:

„Und so gewiß es dem Menschen bestimmt ist, einmal zu sterben, danach aber das Gericht, ebenso wird auch Christus, nachdem er ein einziges Mal als Opfer dargebracht worden ist, um die Sünden vieler wegzunehmen, zum zweiten Mal ohne Sünde denen, die auf ihn warten, zum Heil erscheinen" (Hebr. 9,27-28).

Möchten Sie die Ewigkeit mit Christus im Himmel verbringen oder diese herrliche Zukunft für ein paar Jahre fragwürdigen materiellen Gewinns aufs Spiel setzen? Wenn Sie nur auf das irdische Glück bauen, ernten Sie Tod und Verderben. Wenn Sie Christus nicht als Ihren Herrn und Heiland annehmen, tragen Sie ganz allein die Verantwortung für die Folgen.

Möchten Sie in diesem Augenblick, da Sie diese Zeilen lesen, ohne den Schatten eines Zweifels gewiß werden, daß Sie sich auf dem Weg zum Himmel befinden, daß der Tod nicht das Ende bedeutet, sondern nur Übergang ist zu einem Leben in Herrlichkeit mit dem Herrn Jesus Christus und all Ihren gläubigen Verwandten und Freunden?

Der erste Schritt zum Glauben ist ja so einfach. Viele haben versucht, die einfache Frohe Botschaft vom Heil möglichst schwierig zu machen. Man kann sich jedoch den Himmel nicht durch seine guten Werke verdienen: Das Heil ist eine freie Gabe Gottes an alle, die an seinen Sohn Jesus Christus glauben.

Sollten Sie bisher nach dem Wahlspruch gelebt haben „Edel sei der Mensch, hilfreich und gut", dann sind Sie vielleicht bei Ihren Mitmenschen hoch angesehen. Zur Erlangung des ewigen Lebens reicht Mitmenschlichkeit und Selbstgerechtigkeit jedoch nicht aus, denn es steht geschrieben: „Unsere Gerechtigkeit gleicht einem schmutzigen Kleid" . . . (Jes. 64, 5).

Christus erwartet von Ihnen, daß Sie so zu ihm kommen, wie Sie sind, als ein Sünder, der seine eigene Verlorenheit erkennt. Er wird Sie annehmen und Ihnen ewiges Leben schenken.

Zögern Sie die Entscheidung nicht hinaus, denn morgen könnte es bereits zu spät sein.

Meine persönliche Entscheidung für Jesus Christus

„Herr Jesus, ich weiß, daß ich ein Sünder bin und mich selber durch gute Werke nicht retten kann. Ich glaube, daß du für mich gestorben bist und dein Blut auch für meine Sünden vergossen hast. Ich glaube, daß du von den Toten auferstanden bist. Ich möchte dich nun als meinen persönlichen Heiland annehmen, du meine einzige Hoffnung auf Errettung. Ich weiß, daß ich ein Sünder bin und die Hölle verdient habe. Ich weiß, daß ich mich aus eigener Kraft nicht retten kann. Herr, sei mir armem Sünder gnädig. Rette mich nach der Verheißung deines Wortes. Herr Jesus, komm in mein Herz und sei mein Heiland und der Herr meines Lebens. Amen."

„Denn wer den Namen des Herrn wird anrufen, soll selig werden" (Röm. 10,13).